展開貿易論

小林 通 著

時潮社

　　　　は　し　が　き

　現代のように高度に地域間における有機的な国際分業体制が発達した社会では、商取引が簡単に一国内にとどまるだけでなく、国際間での取引が繁雑に行われている。すなわちこれら国境を超えて行われるすべての商取引は外国貿易、または単に貿易といわれる。今日世界のいずれの国々も他の諸国と貿易をせずして、その国の国民経済の一層の発展を維持し、さらに国民生活を向上させ生活水準を高めることはできない。換言すれば、各国の国民経済が相互に連携し合って、世界経済を形成しているわけであり、そのため、各国それぞれに程度の差はあったとしても、貿易は、いずれの国々にとっても重要であるといわなければならない。貿易の必要性は、各国の地理的、自然的な条件の差異（例えば、食糧をはじめ工業などの原材料、資源などの需給の差）、社会的な条件の相違（労働力、資本、技術などの状況の差）に帰することができよう。

　もちろん、貿易は一種の市場経済取引であるから、本質的には国内商業と何ら差異はないのであるが、国家は、単に政治上の差異だけではなく、経済的制度（通貨制度を含む）、民族、言語、習慣、法律、宗教などを異にする。これらの国と国との取引は、概してその取引が長期にわたり、また地理的には遠距離間の取引となり、取り扱われる数量も大量なものであることが普通であるとする上で、国内取引とは異なった特色を持っている。この意味において、貿易は国内商業と比べて種々の特徴があり、またそれ相応の意義がある。

　今日世界市場はますます拡大し、また取り扱われる商品がより多様化してきている。そのため国際間の取引は、一層複雑な知識が必要となり、輸出入従事者として一様の知識を備えていなければならないことなった。特にわが国企業の海外生産拠点の増加は、貿易、投資、経済協力、人的交流など様々な分野で二国間あるいは地域間でFTAやEPAなどの自由貿易協定が締結さ

れてきている。そのため国際貿易に関する知識や実務は、一層重要視されてきている。

　貿易取引に関する業務は、大別して輸出業務と輸入業務に分けられるが、実際の輸出入に当たってはいろいろな準備や手続きが必要となる。国際取引は、国外から輸入した財貨・サービスへの支払い、輸出した財貨・サービスの受取があり、その決済のために代金の受け払いが発生する。代金の決済は、各国通貨が国境を越えて国際取引の決済手段として機能するものではない。外国為替に利用は、現金の移動がなくなりそれに伴う手数や危険を回避することができる。

　本書においては、貿易実務に関する技術的な側面に陥ることなく、貿易、為替に関する理論についても言及し展開している。最後に本書を出版するにあたって時潮社の相良景行社長、相良智毅専務に心よりお礼を申し述べたいと思う。

　　　平成24年6月14日

　　　　　　　　　　　　　　　　　　　　　　　　　　　小 林　 通

目　次

はしがき
第1章　貿易の意義と役割 …………………………………… 1
第1節　貿易の必要性 ………………………………………… 1
第2節　貿易の概念 …………………………………………… 1
第3節　古典派の「国」の概念 ……………………………… 3
第4節　貿易の概念規定 ……………………………………… 8
第2章　貿易理論と貿易政策論 ……………………………… 13
第1節　重商主義的貿易政策論 ……………………………… 13
（1）重商主義の特徴 ………………………………………… 13
（2）トーマス・マンの貿易論 ……………………………… 16
第2節　古典派の貿易論 ……………………………………… 20
（1）アダム・スミスの貿易理論 …………………………… 20
（2）D.リカードの貿易理論 ………………………………… 34
（3）J.S.ミルの貿易論 ……………………………………… 39
第3節　保護貿易論 …………………………………………… 42
（1）F.リストの保護貿易論 ………………………………… 42
（2）ハミルトンの産業保護論 ……………………………… 43
第4節　近代的貿易論 ………………………………………… 44
（1）ヘクシャー＝オリーンの定理 ………………………… 44
（2）ハーバラーの貿易論 …………………………………… 49
（3）ハロッドの貿易論 ……………………………………… 52
第3章　貿易政策の諸問題 …………………………………… 56
第1節　貿易政策の意義と変遷 ……………………………… 56
（1）貿易政策の意義 ………………………………………… 56
（2）貿易の変遷 ……………………………………………… 57

第2節　関税政策 …………………………………………………… 59
　（1）関税の種類 ………………………………………………… 59
　（2）関税政策 …………………………………………………… 64
第3節　輸出入に関する貿易政策 ………………………………… 69
　（1）輸出に関する貿易政策 …………………………………… 69
　（2）輸入に関する貿易政策 …………………………………… 73
第4章　外国為替 ……………………………………………………… 80
　第1節　外国為替の意義と役割 ………………………………… 80
　　（1）はじめに ………………………………………………… 80
　　（2）外国為替の決済方法 …………………………………… 81
　第2節　外国為替学説 …………………………………………… 82
　　（1）はじめに ………………………………………………… 82
　　（2）国際貸借説 ……………………………………………… 83
　　（3）購買力平価説 …………………………………………… 85
　　（4）為替心理説 ……………………………………………… 88
　第3節　外国為替の種類 ………………………………………… 90
　　（1）外国為替手段による種類 ……………………………… 90
　　（2）外国為替取引による種類 ……………………………… 91
　　（3）直物為替と先物為替 …………………………………… 92
　第4節　外国為替相場 …………………………………………… 93
　　（1）外国為替相場の意義 …………………………………… 93
　　（2）外国為替相場の建て方 ………………………………… 93
　　（3）外国為替の種類 ………………………………………… 94
　第5節　外国為替市場 …………………………………………… 95
　　（1）外国為替市場の意義 …………………………………… 95
　　（2）国内市場 ………………………………………………… 96
　　（3）海外市場 ………………………………………………… 97

目　次

第5章　貿易取引の実際 …… 100
第1節　輸出実務 …… 100
（1）輸出取引の準備 …… 100
（2）輸出契約の成立 …… 104
（3）発注と受注 …… 106
（4）船積みの手配 …… 107
（5）通関および船積手続き …… 107
（6）船積み書類の作成と準備 …… 108
（7）輸出代金の決済 …… 109
第2節　輸入実務 …… 109
（1）輸入の承認 …… 110
（2）輸入報告 …… 111
（3）無為替輸入（代金決済を要しない貨物の輸入） …… 111
（4）輸入総代理店制度 …… 114
（5）並行輸入 …… 114
（6）個人輸入 …… 116
（7）信用状 …… 117
（8）輸入代金の決済 …… 119
（9）輸入通関と引き取り …… 119
第3節　貿易の取引条件 …… 120
（1）品質条件（Quality Terms） …… 120
（2）数量条件（Quantity Terms） …… 122
（3）価格条件（Price Terms） …… 123
（4）船積条件（Shipment Terms） …… 126
（5）決済条件（Payment Terms） …… 127
（6）保険条件（Insurance Terms） …… 130
（7）クレーム（Claims，損害賠償請求） …… 132

付　録
（1）輸出為替手形の例 …………………………………………… 135
（2）貿易実務に役立つ貿易用語 ………………………………… 139
（3）貿易略語 ……………………………………………………… 146

第1章　貿易の意義と役割

第1節　貿易の必要性

　今日世界のいずれの国々も他の諸国と貿易をせずして、その国の国民経済を維持し発展させ、さらに国民生活を向上させ生活水準を高めることはできない。換言すれば、各国の国民経済が相互に連けいし合って、世界経済を形成しているわけであり、そのため、各国それぞれ程度の相違はあったとしても、貿易は、今日いずれの国々にとっても重要であるといわなければならない。貿易の必要性は、各国の(a)地理的、自然的条件の差異（食糧をはじめ工業などの原材料、資源などの需給の差）、(b)社会的条件の相違（労働力、資本、技術等の状況の差）に帰することができよう。

　もちろん、貿易は一種の市場取引であるから、本質的には国内商業となんらの差異はないのであるが、国家は、単に政治上のそれだけでなく、経済制度（通貨制度）、民族、言語、法律、宗教などを異にする。この意味で、貿易は国内商業と比べて種々の特徴があり、またそれ相応の意義がある。

第2節　貿易の概念

　貿易を取り扱う場合、その対象範囲として当然国内商業とは相違した概念規定が必要となってくる。確かに国内商業と同質である財貨、サービス交換という問題を考慮して、その対象をみなければならないが、その場合貿易は、国内商業と対立する概念として位置することは異論のないところであろう。すなわち、一般に一国内でのみ行われる地域を尺度として国内商業、貿易とその区別がなされているからである。

　もっと簡単にいえば、貿易とは異なった国家に属する人びとの間で行われる財貨、サービスの交換であって、その交換は、一国内部で行われる財貨、サービス交換とは様相が異なっているということである。そのため、貿易理

論は、一般経済理論とは異なった特殊な存在形態になる。しかもこの場合、「国」というものは貿易論上なんと理解すべきであるのかという点を問題にし、展開しない限り、貿易の概念は明確に規定されえないのである。そのため、おのずと貿易論上の国家とは何かをもって解されるべきであるのかが問題となってくる。そして、はじめて国内商業と貿易の区別がなされるのである。

　貿易はその活動が甚だしく制約されていた近代以前の形態では、財貨取引の行われる国と国は、全くの政治上の国家であり、自国と他国のそれぞれの取引という簡単な内容のものであった。ところが、近隣地域間での交易の流れは、航海技術の発展とともに冒険家たちが世界各地域を闊歩し、遠隔地域間のそれに変化し世界的に遠洋貿易が拡大していった。そしてこの時代的な潮流にのって各国は、遠く離れた地域において植民地を領有するようになってくると、実際の問題として、本国とはまるで異なった自然的条件（風土、所産）や人為的条件（経済社会制度、商慣習）をもった国家を政治上の国家と同一視することはできなくなった。政治上の国家と国家との取引だけが貿易であるとするならば、遠隔地域にありしかも人種、言語、習慣から経済的諸制度まで相違した地域間との交易も国内商業と同一のものとして取り扱わなければならない。しかし、これは、事実非常に不都合なことを生じる結果となった。

　そこで、経済上の「国」の概念を規定して、経済上の国家とは何を意味するのかが貿易理論の研究の上で重要になってきた。古典学派は、その問題について、経済上の国家とは労働および資本、すなわち生産要素がその移動性が自由であるか困難であるかを理論の中心として、経済上における内国と外国とに区別したのである。この思想は、アダム・スミス（Adam Smith）からデビッド・リカード（David Ricardo）およびJ・S・ミル（John Stuart Mill）に至って学説化され、A・スミスの分業の理論を国際的な観点においてリカードは比較生産費説によって、またJ・S・ミルは国際価値論によってこの理論を押し進めた。

しかし、このような古典学派の理論によって内国と外国との区別は、その後の世界事情からして、そのまま適用できなくなった。それは、生産要素の移動が国内において全く自由であるというわけでなく、また逆に国際間においてもかなりの程度移動する場合があるからである。国際間での資本移動は、国際金融の発達に伴って、それがかなり自由になり労働も近隣する他国から低廉な労働力が移入された。それ故、こうした経済的国家観をもって貿易論上の「国」を表すことは困難となり、古典学派の理論は適用できなくなった。「とにかく貿易上から見た『国』の概念には、一定の封鎖地域、組織統一せる政治制度および団結、共通の経済的利益関係、強力なる協同体の概念のような政治的要件のほかに、地域の近接という自然的条件や慣習ならびに法律制度の共通ないし統一というような社会的要件をも、これに含めて構成されざるを得ない[1]。」

問題の核心は、地域の遠隔による自然的条件の相違する程度や、人為的および社会的条件がどの程度同質化するかである。貿易上の「国」は、現実の政治上の国家を原則として基礎においているが、経済的諸制度をはじめ国情を異にする遠隔地域の場合、同一の支配下にある従属国や植民地でも外国として取り扱わなければならないことにもなる。以下古典学派の貿易論を中心に経済上の国家に関する学説を吟味し、さらに貿易の概念を明らかにしていく。

〔注〕
（1）上坂西三『貿易概論』前野書店　3頁。

第3節　古典学派の「国」の概念

古典学派といわれるなかでそれを代表するリカードとJ・S・ミルの貿易論上における国家概念を取り上げてみよう。古典学派の貿易理論は、国際分業の利益とはいかなるものであるかをリカードは比較生産費説によって、J・

S・ミルは国際価値論によってそれぞれを把握し、国際間の価値法則を解明した。そしてこの場合、彼らは国内商業と貿易とを区別する尺度として、生産要素の移動、すなわち労働および資本の移動が自由であるかそれとも困難であるかによって、彼らの「国」の概念を規定したのである。それに従えば、国内商業とは労働および資本が自由に移動できる地域内で行われる財貨取引であり、貿易とは、これらの生産要素がその移動性を制御し困難にしている地域間で行われる財貨取引であるとする。すなわち、前者は自由競争が行われている地域での取引であって、後者は不完全競争の最も顕著な場合の取引である。生産要素の移動性は、国内では自由に国家間では困難であるといってもそれは単なる程度の差にすぎない。しかしながら、古典学派の理論は、国家間ではその移動の程度の大きさが国内よりもはるかに超えているとして、それとは質的に相違した現象が現れるからとして貿易論を展開したのである。
　古典学派の場合の貿易理論の展開は、例えばリカードをもってすれば彼の著書『経済学及び課税の原理』第七章「貿易について」で次のように述べている。「完全な自由貿易の制度の下では、各国はおのずとその資本と労働をそれぞれ自国によって最も有利であるような用途に向けるものである。この個々の利益の追求は、全体の普遍の利益と見事に結びついている。勤勉を刺激し、工夫に酬い、自然の与えた独特の生産力を最も有効に用いることによって、この個々の利益の追求は労働を最も効果があり最も経済的であるように配分する。また一方、生産物の総量を増すことによって、この追求は普ねく利益を散布し、利害と交通との一本の共通のヒモで、文明世界を通じて諸国民を結び合せてひとつの広い社会にする。ブドウ酒は宜しくフランスとポルトガルで、穀物は宜しくアメリカとポーランドで、金物類その他のものは宜しくイギリスでつくるべしと、きめるのは実にこの原理である[1]」とし、国際分業の利益を論証しさらにその際前提となる「国」の概念を彼の場合「同じ一つの国内では、利潤は、一般的に言うと、常に同一のレベルにある。たとえ違っても、資本の用途が安全かどうか快か不快かの度合に応じてちがうだけのことである。各国間ではそうではない。もし、ヨークシャアで使う資

本の利潤が、ロンドンで使われる資本の利潤を上回るとすれば、資本は速かにロンドンからヨークシャアに移動し、かくて利潤は均等になるであろう。だか、もし資本と人口の増加から、イギリスの土地の生産率が低下したために、賃銀が上がり利潤が下がっても、資本と人口がイギリスから必然に移動して、利潤がもっと高いと思われるオランダやスペインまたはロシアへ行くということにはならないであろう[2]」として、イギリス、オランダ、スペインやロシアなどの現実の政治的国家を「国」を意味するものとしてとらえ、利潤率の格差を生じる原因として彼は「資本がその持ち主の直接の支配下にない場合には創造上でか、まことにか不安全と考えられることと、人は誰しもそこで生まれいろいろの関係をもっているわが国をすてて、身に附いた習慣もいろいろあるのに、一身を見知らぬ政府新規の法律に委ねるのを自然にいやがるのと相まって、資本の出稼ぎを抑制することは、経験の示すところである。私はこれらの感情の弱まるのを見たくないと思っているが、これが、大抵の資産家に、見知らぬ異国でその富のものと有利な用途を求めるよりもむしろ、自国内で低い利潤率で満足する気持ちにならせるのである[3]」と述べ、労働および資本の生産要素が国家的な意味での拘束の下に自由に移動できないことに見出すのである。

しかしながら、リカードの理論は、現実の政治的国家の領域と同一の領域として経済的「国」を適用させるだけでなく、さらに政治的国家の基礎を離れて経済的「国」を発展せしめる基礎を含んでいることである。すなわち、リカードが政治的国家の経済的特性を示す標識として掲げた労働および資本の移動の難易という事実は、政治的国家を経済的統一体と認めさせる絶対的な標識ではなく、政治的国家の領域内部においても移動性を欠く場合があり、またその領域の外にわたっても移動の容易な場合もあるのであって、この標識に基づいて樹立せられた貿易理論は、政治的国家の基盤を離れても妥当しうるのである[4]。このように生産要素すなわち労働および資本の移動をもって、それが自由であるか困難であるかを標準として国内商業と貿易の区別をみたリカード貿易理論を発展せしめ、国際価値論を樹立したＪ・Ｓ・ミルもま

たこの例にもれないのである。

　J・S・ミルの理論によれば、「もしも同じ町のなかの他の地区へ移る場合と同じように無造作に、かつその場合と同じように小さな誘因によって、世界の遠隔の地方へも移るものとすれば、またもしも世間の人びとがその経費の一小部分でも節減することができる場合には、いつでもその工場をアメリカへ、あるいはシナへ移すものとすれば、利潤は世界を通じて一様（あるいは同価値のもの）となり、すべての物品（all things）は、同一の労働と資本とをもって最も良質のものを最も大量に生産しうる土地において生産されることになるであろう。今日においてもこのような事態へ向かう傾向というものは、これを認めることができる。資本は、日を追って国際人的（cosmopolitan）となりつつある。比較的に文明の進んだ国々のあいだでは、今や風俗や制度の類似性が以前よりもはるかに大となり、感情の疎隔もはるかに減少するに至ったから、人口も、資本も、ともに、今では以前よりもはるかに小さい誘因に応じてこれに国々の一方から他方へ移動しつつある。けれども世界の種々なる地方のあいだには、賃銀についても、利潤についても、今日なお非常に大きな差異が存するのである[5]。」そして、J・S・ミルは具体例として、例えば、極めて小さな動機で十分である。特別な動機などといったものもない。しかし、これをインド、あるいは植民地、あるいはアイルランドに移動させるにはかなり大きな動機が必要となり、ことに今もなお未開な国々、あるいはようやく文明化しはじめたばかりであるロシアあるいはトルコのような国々へは、非常に大きな特別利潤という誘因がなければ、資本は移動しないであろう。

　「したがって、ある程度まではすべての遠隔地のあいだに、しかし特に相異なった国々（同じ主権のもとにあると否とを問わない）のあいだに、労働や資本に対する収入には著しい不均等が存在するが、しかし、労働や資本の、これらの不均等を平均化するほどの量のものをして、一つの土地から他の土地へ移らしめることがない、ということがありうるわけである。ある国に属する資本は、たとえ他の国においてある方法で使用すればより生産的である

が、国内ではその方法で使用することができないという場合でも、大部分、その国の中にとどまるであろう[6]。」

そしてわれわれはJ・S・ミルの理論の中で「遠隔せる地域間において」とか「特に相異なれる国々の間において」とかいう言葉に留意しなければならない。この言葉をもって、J・S・ミルの「国」の概念を規定することになるのである。すなわち、彼は「国」の概念を規定する場合労働および資本の生産要素の移動性を重要な点として認めて、その場合、その移動性の変化は、距離の概念を用いて労働および資本の移動性を制限するひとつの主なる原因としている。労働および資本の移動は、この距離からして「隣接せる地域（adjacent places）」の間においては労働、資本の移動は自由であるけれども、これに反して、その移動は国際間のみに限らず「遠隔せる地域（distant places）」の間においても存在すると解したのである。

すなわち、J・S・ミルにおいては、距離の遠近を用いて「国」の範囲を規定し、内国と外国とを区別するのは「隣接地」と「遠隔地」という距離的に単に程度の差異に基づいており、遠距離間で行われる財貨取引を貿易として結論したのである。しかし、J・S・ミルにあっては、国内商業と貿易の区別は、どちらかというと曖昧なものであって明確な形を示していないのであり、これは「無競争（産業）集団、non-competing (industrial) groups」ということばでそれを定形化したケアンズ（J.E.Cairnes）をまたねばならない。ケアンズのいわゆる「無競争集団」をもって「国」とする理論においては、貿易は「無競争集団」間における取引であり、それは国内産業と貿易を区別するものであった。

すなわち、貿易上の「国」となし、ケアンズによってこの経済的「国」の概念は一層発展せしめら、同一政治的国家内においても労働については産業的、社会的な各階層をこえて競争することが不可能な点に着目し、労働の自由競争ないし自由移動が限られた範囲、すなわち「無競争集団」をもって「国」としたのである。ケアンズの無競争集団の概念は、タウシッグ（F.W.Taussig）、マーシャル（A.Marshall）等によって発展せられること

になった。

　古典派貿易論者は、すでに存在し使用されるべき一定量の生産諸要素を仮定して出発し、貿易が開始された場合にどのようにすればこれらの生産諸要素を最も有効に利用されうるかを議論の対象とした。リカードの比較生産費説、ミルの国際価値論は、まさにこの問題に対する解答にほかならない。

〔注〕
（1） D.Ricardo, *Principles of Political Economy, and Taxation* (Gonner's ed.,), p.114. 竹内謙二訳、『経済学及び課税の原理』東大出版会、129頁。
（2） *Ibid.*, p.114. 邦訳、129〜130頁。
（3） *Ibid.*, p.117. 邦訳、132頁。
（4） J.Viner, *Studies in the Theory of International Trade*, p.505. また、藤井茂『経済発展と貿易政策』国元書房、27頁参照。
（5） J.S.Mill, *Principles of Political Economy* (Ashley's ed.,), p.575. 末永茂喜訳、『経済学原理(3)』岩波書店、264頁。
（6） Ibid., p.575−576. 邦訳、265頁。
（7） J.E.Cairnes, *Some Leading Principles of Political Economy*, 1874, pp.362−363.

第4節　貿易の概念規定

　貿易と国内商業との区別も為政者や政策者の見地からすれば、全く異なった様相を呈することになる。彼らによると、それは経済的な価値観点からしてなされる。古典学派の理論を出発点として、これを近代化したハーバラー（Gottfied Haberler）によれば、「貿易と国内商業との区別、外国と国内との区別の問題は、これを政治家や政策家の立場から見れば理論家に対するとは全く異なってくる。国民経済の統一── それは色々な共同体すなわち資本共同体、支払共同体、本位共同体等々の上に築かれると言うことであるが──というふたいまわしに禍されて、われわれは次のことを見失ってはならない。政策家にとっての区別は、国民経済のある資本的な特質すなわち何等の

第1章 貿易の意義と役割

価値判断なしに客観的に確定されるある固有の性質によって与えられているのではなくして、超科学的な、あるいは少なくとも超経済学的な価値設定によって与えられているのである。政策家にとっての国内とは、その地域の（精神的あるいは物質的）安寧が当該政策家にとって重大関心事である様な地域である。………政策家による国内と外国、国内商業と貿易とのかかる価値判断的区別が、理想家の区別の試と何の関係もないことは、理想家が問題にする諸事情は政策家の立場からすれば、無関心であるか、またそうでないまでも無関心であり得るということから見れば明白である。ドイツとフランスとの間の商業は、両国間に資本および労働が自由に移動すると否とにかかわらず、ドイツおよびフランスの市民にとっては貿易である。両国間に本位共同体が成立する場合もそうである[1]。」すなわち、為政者や政策者にとって国内商業と貿易との区別は、国民経済といわれるような実質的な特性をもったものに基づいて、すなわち、そこになんらの価値判断なしにありのままに確定される特有な性質に基づいて与えられるのではなくて、どちらかというと科学的なまた経済的な範囲を越えた価値の観点からなされるものである。そして、彼らにとっての「国内」とは何かといえば、彼らが平和と繁栄を常に望んでいる地域、すなわち政治上の自国領域である。

　経済上の国内、外国との境界は、一般に政治上の国境と一致するのが普通であり、それ故貿易とは独立国家間の商業であるといえるが、経済上の国内は、政治上の国境を越える場合がありうる。

　古典学派の貿易理論を代表するリカードとミル、ケアンズにおける「国」の概念の相違は、貿易理論を展開するにあたってのそれぞれの方法に依存する。リカードの場合、労働、資本の国際的不移動性を現実であるかのごとき形態であったため、ミル、ケアンズの批判を受け国内商業と貿易は、単なる程度の差にすぎないとの量的なものであるとされた。しかしながら、国際間での生産条件を考慮する場合、それは量的な差異の問題というよりもむしろ質的な相違に基づくことになる。すなわち、古典学派貿易理論は、その意図としては現実の政治的国家の経済的特性を明らかにし、国民経済の統一性に

立脚して貿易理論を展開しようとするにあった。しかし、かかる理論においてとられた方法は、純粋経済的方法であり、経済人（homo-economicus）を前提とした抽象化方法であった[2]。ひとつは純粋経済理論として貿易理論を展開しようとしたミルおよびケアンズ、もうひとつはリカードによってなされたごとく、労・資の国際不移動性を強調しさらにそこに他のなんらの標識をあわせもって現実の政治的国家の経済特性を明らかにし発展していった。そして、前者の理論をさらにおし進め発展させ地域貿易論を成立せしめたワイクマン（Hans Weigmann）さらにオリーン（B. Ohlin）などかかる方法によって、すなわち純粋経済的方法によって理論を徹底した。ミルの貿易理論を「運送費の差異」をもって国内商業と貿易との区別をなしたのにシヂウィック（H. Sidgwick）がいる。彼に従えば、一商品の販売地域は、これが生産地から消費地へ至る地理上の距離の長短如何そのものに依存するのではなくして、むしろこれら両地点間の運賃の多少如何に依存する。そこで生産地および消費地間の運賃をして、右両地点における商品価格間の差異以上に出るような場合には、消費地に既存の企業はこれによって自然的運賃保護の恩典に浴しえる。かくのごとき自然的運賃保護の恩典が、国内交通の場合に比し国際交通の場合においては特に強力に利用することはおそらく否定しえられまい[3]。この点を力説して、彼は運賃特にいわゆる二重運賃（double cost of carriage）を考慮しないならば、国内商業と貿易との間の区別を見出しえないとしている。しかしながら、運送費をもって区別しようとすれば、結局それは程度の差を問題にするにすぎないことは明白である。運送費が貿易を特色づける指標となろうが、この運送費の大小をもって国内商業と貿易の本質的な区別をなすとは考えられない。

後者のリカードの理論に若干の標識を加えて現実の政治的国家の経済的特性を明らかに発展していったのには、バステーブル（C. F. Bastable）、ヴァイナー（J. Viner）がいる。例えば、バステーブルは貿易理論において政治的国家の占める地位の重要性を強調し、ミルが距離の遠近をもって労働および資本の移動性の難易を決する原因であると見たことも、ミルが距離を問題

にするあまり労働、資本の国家的拘束性の他の原因を列挙するのを忘れたことを弁護し、さらに貨幣制度、商業立法、言語および感情のごとき最広義における国家的性格が生産要素の移動の困難性をつくる原因ではないまでも、少なくともこれを増加する原因であると主張している[4]。またヴァイナーによれば、労働、資本の移動は古典学派の考えでは空間的移動に関するもので、職業間の移動に関するものではないことを強調し、空間的移動性に関する限り、政治的国家の内外における差異は程度の差であるとはいえ、大きな程度の差であることを力説する。そして貿易理論はそれ故大部分において、政治的国家間の商品交換の純粋理論たるものであり、偶然的な副産物として地域経済理論たりうるにとどまるとている[5]。

上述したように政治上の国家と貿易論上の国家とは必ずしも常に一致するとは限らない。しかしながら、政治的共同体はひとつの特質をもった単一体として経済上かなりな程度重大な意義を有し、国内商業と貿易との間における本質的な差異を制約する。油本氏によれば政治的共同体が経済上における意義を次の七つの共同体によって貿易の概念を分析している。

(1) 労働共同体　(2) 資本共同体　(3) 運賃共同体　(4) 財政共同体
(5) 関税共同体　(6) 本位共同体　(7) 禍福共同体

以上列挙した7種の共同体のうち、そのいずれかひとつがよく内外商業間に本質的な差異をもたらす唯一の特性でありうるというのではなく、これらの共同体が相交錯し相重複し相融合して有機的統一体として国際的経済単位を構成する。そして貿易論上の国家とはかかる有機的統一体としての国際的経済単位をいうものであり、別言すれば、貿易とは多かれ少なかれ緊密に結びついているもろもろの個別経済の総合たる有機的統一体として国際的経済単位に属する個別経済と、もうひとつの国際的経済単位に属する個別経済との間の通商であるとしている[6]。

〔注〕
（1）G.Haberler, *Der internationale Handel, s.s.4-5*　松井清　岡倉伯士訳、

『国際貿易論（上巻）』10頁。有斐閣。
（2）藤井茂、前掲書、28〜29頁。
（3）油本豊吉、『貿易政策』55頁。また J.Viner, *Studies in the Theory of International Trade*, p.599 参照。
（4）藤井茂、前掲書、30頁。C.F.Bastable, *Theory of International Trade*, pp.9−13.
（5）J.Viner, *op. cit.*, pp.597−599. 藤井茂、前掲書、31頁参照。
（6）油本豊吉、前掲書、51〜67頁。

〈参考文献〉
○上坂西三『貿易概論』前野書店　昭和44年
○藤井　茂『増補国際貿易論』国元書房　昭和47年
○麻田四郎他編『国際貿易論講義』青林書院新社　1971年
○油本豊吉『体系貿易と貿易政策』廣文社　1974年
○猪谷善一『国際貿易の理論と政策』博文社　昭和48年
○喜多村　浩『貿易』有斐閣　昭和41年
○J．バネット（渡部福太郎他訳）『国貿易』東洋経済新報社　昭和45年
○粕谷慶治編『国際貿易の理論・政策・実務』世界書院　昭和55年
○小島　清『貿易』春秋社　1975年
○岩元　岬『貿易論』同文舘出版　昭和53年
○松井　清編『日本貿易統本』東洋経済新報社　昭和48年
○池間　誠『国際貿易の理論』ダイヤモンド社　昭和54年
○村上　敦他『貿易入門』有斐閣　1979年
○町田　実編『新編国際貿易総論』自由書房　昭和58年

第2章　貿易理論と貿易政策論

第1節　重商主義的貿易政策論

（1）重商主義の特徴

　E．F．ヘクシャーによれば、「重商主義という言葉は、フランスの重農主義者（フィジオクラート）によって使用されたが、アダム・スミスをつうじて一般的流行をみるに至ったものである。スミスは、重商主義の著述家たちの貨幣観の攻撃にはじまっているが、その論議の大部分は、商業政策に関するものであり、結論的には重商主義を保護主義として取り扱っていた[1]」と述べており、またその後一世紀余をへてグスタフ・シュモラーにより、この「語」に対してはなはだ異なった用法が与えられた。かれによると、重商主義は、本質的にひとつの経済的統一の政策であり、それは、中世的状態からひき起こされた分裂を克服するために、まず最初はドイツに現れた君主の努力を表現するものであった[2]。イギリスにおいても、それとほぼ同時代にウィリアム・カニンガムが、「重商主義は、政治的目的を追いかける経済的努力だ」と述べており、これらの見解の不一致は、主に経済政策の目的と手段との間の混乱に起因したものであるが、それらのいずれもが、中世と産業革命との間の時期における経済思想の発展上の基礎的に重要なものを指摘するものである。すなわち、もし重商主義をもって、国家的経済統一上の制度と考えるならば、中世末期における多くの大陸諸国家の統治者のために用意された大きな仕事であったことは明白である[3]。

　新大陸の発見と宗教改革がその幕あけとなった十六世紀は、中世の封建社会およびその制度の崩壊と封建貴族の勢力を完全に抑える時期であり、またそれは中央集権国家の確立でもあった。そのためまだこの時期は、近代の資本主義的経済社会の基礎となった産業革命の到来には至らなかったが、資本主義の発展におけるあらゆるティク・オフの条件が、すでにこの期間に準備されていた。この時代には、封建的勢力はまだ政治的存在であったが、もは

や支配的な勢力ではなかった。例えば、ヘンリー7世は封建貴族の勢力の根底となっていた家臣団の解散を行った。古きものも新しきものも支配的勢力ではありえない過渡期においては、政治的権力たる国家は極めて強力な勢力を獲得し、一人政治の分野のみにとどまっておらず、直接それが経済的勢力となり、経済部面の強力な指揮者となった。ここにいわゆる絶対主義国家が成立した[4]。

重商主義の主体は、かかる絶対主義国家であり、新しい勢力である商業資本の利益を代表することになった。当時、君主と資本家的企業者との間には、かなりの程度まで利害関係に共通項があった。国内における貴金属量の可能な限りの増大に対する関心は、もとより両者に共通するものであった。しかし、特に両者を接近させたものは、中世的、都市的、封建領主的勢力に対する共通の敵対関係であった。この地方割拠的勢力は、君主支配の大国家的規模への拡大の障害をなすとともに、またまさに飛躍せんとする資本主義をツンフト（同職組合）的または関税的諸制度をもって拘束するものであった。両者の結合は極めて当然だったともいえる。かくて、絶対主義国家は資本主義的利益の、就中資本主義的工業と大規模外国貿易との保護助成者となった。

しかし常に必ずしも絶対王政であったわけではないばかりでなく、イギリスに見られるごとく重商主義政策は必ずしも絶対王政の崩壊とその運命をともにするものではない。それどころか、イギリスにおいては、重商主義政策は絶対王政の崩壊－ブルジョア革命－以後においてはじめて体系化されたといってよいのである。絶対王政の崩壊と運命をともにしたのは、絶対主義的重商主義にほかならず、ブルジョア革命後に体系化された重商主義政策はこれに対して議会主義的重商主義また議会コルベール主義（Parliamentary Colbertism）として区別される[5]。

資本主義発生期は、生産に対する商業の優越性をもって特徴とする。生産部門の圧倒的な部分は、なお自然経済的性格を持ち続けて、商品としての物の生産は、まだ弱さをもっていた。真のブルジョア的経済活動は、商品流通の部門においてであった。零細な生産者群の上に商人が立ち、商人は貨幣に

利を生ませる目的をもって、自己の貨幣を投じて商品にかえ、この商品の販売によって商業利潤を得た[6]。

　16世紀に入ってヨーロッパ経済は、全体として交換経済、すなわち貨幣経済の時代に入った。社会が中世のような、自給自足の自然経済からしだいに商品流通の拡大を見るとともに、貨幣は、いつでも物を買い、支払のできるそしてけっして腐りもこわれもしない、絶対的に一般的な富の形態、すなわち最も流動性の高い性質を有するからである。封建制度においては物を生む母たる土地が主であったが、その崩壊した時期においては貨幣が主となった。貨幣を所有し駆使し、増殖する商業資本家の勢力が高まり、ヨーロッパの経済政策に著しい変化をもたらすに至った。

　すなわち、重商主義は、資本主義経済発展の初期にあたって、ヨーロッパ諸国が主として国家および国民経済を富裕強化せしめようとした思想または経済政策に対する相対的呼称であって、時期的には、15世紀の末葉イギリスのテューダー王朝の成立期から1648年のクロムウェル革命、および1688年の名誉革命を経て、18世紀の産業革命に至る間ヨーロッパに支配的であったもので、そこでは、近世国家が主体的役割を演じ、近世資本主義の歴史的前提である商業資本を紐帯として、民族的国家統一を図り、植民帝国を建設することを主眼とするものであった。そして重商主義体制は、貨幣特に金銀の獲得とひろい意味での植民活動を本質的契機として構成されていたから、富としての金銀・貨幣の追求や尊重の方法は、時代的にも、国民的にも、それぞれ異なるものがあるとしても、大体において、重金主義から貿易差額主義を経て、産業保護主義あるいは労働または雇用差額主義の発展構造をもって、史上に現れてきたということができよう[7]。

　つまり重商主義の本質は、政治的統一および経済的統一にあり、外国貿易政策、航海政策および人口政策など、当時の主要諸国によって遂行された一連の富国強兵政策は、すべてこの国民的統一のためのものであった。

〔注〕
（1） Eli F.Hecksher, *"Mercantilism" in the Development of Economic Thought* (ed., by H.W.Spiegel) 1952. p.32. 越村信三郎他監訳「経済学の黎明」(『経済思想発展史』Ⅰ)東洋経済新報社　昭和29年　48頁。
（2） *Ibid.*, p.32. 同訳書　48頁。また Gustav von Schmoller, *Das Mercantilsystem in seiner historischen Bedeutung : städtische, territoriale und staatliche Wirtschaftspolitik.* s.43－44. 正木一夫訳『シュモラー重商主義とその歴史的意義－都市的・領域的および国家的経済政策－』伊東書店　昭和19年　53頁。
（3） *Ibid.*, p.32. 同訳書　48, 49頁。また W.Cunningham, *The Growth of English Industry and Commerce, during the early and middle ages, 1890.*（ここでは A.M.Kelley, 1968) pp.481－483.
（4）市川泰治郎『世界貿易論』鱒書房　昭和22年　54頁参照。
（5）白杉庄一郎『経済学史概説』ミネルヴァ書房　1973年　28～29頁。
（6）市川泰治郎　前掲書　53～4頁。
（7）大淵利男『イギリス財政思想史研究序説』評論社　昭和44年　90頁。

（2）トーマス・マンの貿易論

トーマス・マン (Thomas Mun; 1571－1641[1]) は、通常重商主義経済理論の代表的な思想家であることはすでに周知のことである。この時代において彼やその他の経済学者、あるいは実務家たちの考えた経済理論は、どちらかというと経済政策的な色彩が、その理論の色調となっている。シュムペーターのいうように、「この時代の著者の特質は、日常生活の基礎概念を無批判的に受け取り、ただその基礎の上でのみ一定の問題を決裁しようと試みることにあった[2]」のは否めないが、王国の富をいかにして、どのように増大することが可能であるのか、そのためには、どんな方策を企てたらいいのかといった具合に論理が展開されている。

実際彼の理論は、その後約1世紀にわたり重商主義のバイブルとして大きな地位をもっていた。17世紀後半のイギリスでは、家内工業やマニュファクチャーの形態での産業資本が確立され、興隆しており、また外国貿易もます

ます伸長していた。このため、ヨーロッパ諸国の植民地獲得競争は、ますます熾烈を帯びていった。このような時代的諸条件の下では、もはや初期の重商主義的な政策では、商業ブルジョアジーの利益に合致しないものとなった。個々の資本を直接援助するかわりに、一般的な間接的な政策が必要となっていった。

　後期重商主義の理論も富とは貨幣であると考えていたが、問題の重心を貨幣のバランスから貿易のバランスに移していた。すなわち貨幣そのものの収支ではなく、輸出超過額を最大限にするように貿易バランスの収支に重点がおかれた[3]。マンの場合にもこの点が彼の理論の根底にあり、それが核となっている。すなわち、マンにあっては、その当時のイギリスの経済社会の経済法則を視点として、バランス・オヴ・トゥレイド論に、すなわち外国貿易、もっといえば輸出と輸入との差額からの利益にそれを求めたのである。バランス・オヴ・トゥレイドなる言葉は、マン以前において存在し、それによってすでに経済分析の手段として用いられていたのであるが、マンによってより核心に迫った理論が打ち立てられたのであった。

　マンは、国富の増大をこのバランス・オヴ・トゥレイド（貿易差額）において発生するものであるとしていた。なぜ、彼がこのような点を彼の理論の根底においたのかを説明するためには、まず第一に彼の「富観」についての概念を明確にしなければならない。当時は一般的な見解として富＝貨幣という公式が定式化されていた。すなわち、一国の富は、金貨銀貨であり、これを増加させることが為政者の使命であった。

　ところが、マンにおいて、彼の貨幣観を考察するにそれとは異なった見解を見出すことができる。すなわち、マンによれば、実物経済社会では貨幣を用いずしても、適正な取引ができたし、そういう意味では貨幣は単なる流通手段であるとする。格言でも言うように、「貨幣を商品に転換し、それによって貨幣を増殖し、かくして一方のものを他のものへと絶えず規則正しく転換することによって富裕となり、好きな時点で全財産を財宝に変える。けだし商品を有する者は貨幣に事欠かないからである[4]」と。

もちろん、マンは富＝貨幣であるという考え方を捨象したわけではないが、またそうかといってギリシャ神話のミダスのようにむやみに金銀を追求したわけではなかった。「すなわち、経済の運行、循環のための必要を感じつつ、国王、政府、国家としては歳入の増大をはかろうとするとともに、『戦争の腱』の強化を望んだのであるし、一般国民（個々の人ならびに営業）にとっては、今日と同様、金を得よう貯めようとする観念と行為とにつながるものであったろう[5]。」またマンは貨幣数量説的な立場から、「一国内に貨幣が多ければその国に産する商品を一層高価にし[6]」、その結果「その商品の使用と消費が減少する[7]」とし、東インド貿易の擁護の上からも貨幣の国外流出を認めるのである。

　すなわち、貨幣を全く失ってしまうことは富を失ってしまうことと同一であると一般に考えられているが、マンは、貨幣のみを富とは考えずに他の商品が富の中核であり、貨幣をその結果生まれる果実としてみている。「貨幣は商業の活力であり、あたかもそれがないと商業は存続しえないかのようなことはいえない。なぜなら、貨幣が世にほとんど流通していなかった時でも、代物支払いとか物々交換とかいう方法で、大いに取引がなされたのをわれわれは知っているからである[8]。」

　その結果、次のように考えるのである。すなわち、「商品貿易においての貨幣輸出は、わが国の財宝を増加させる一手段である」とするマンの主張は、通俗的見解とは全く反対であるから、多くのしかも有力な論証をもってそれを立証しなければ、衆人には受け入れられないであろう。貨幣＝富と考えている人びとは、貨幣が少しでも国外に運び出されるのを見ると、これを厳しく批判するからである[9]。しかしながら、「現金の輸出という手段によって増加したその輸入商品は、すべてさきに輸出した貨幣が有したよりもはるかに大きな価値をもたらすことになる[10]。」そこでマンは、「貨幣は貿易を生み、貿易は貨幣を増加する」と考えるのである。彼は貨幣に対する財貨の重要性を論じ、単なる吝嗇を非難し、外国からの輸入の必要性を力説する。もし必要な時に必要な物がなかったならば、貨幣があったとしても何の役に

第 2 章　貿易理論と貿易政策論

立つであろうかと。このことが、マンが彼の理論の根底にバランス・オヴ・トゥレイドをおいたまず第一のゆえんである。

〔注〕
（1）トーマス・マンは、ロンドンの絹織物商ジョン・マンの三男として生まれ、3歳には同じ商人トーマス・コーデルを継父として育てられた。若い頃地中海、特にイタリアとレバンドで貿易に従事していた。そののち、1615年には東インド会社の取締役会の一重役として選出され、会社の利益増進のために一生涯働き、みずからも有名な商人として巨富を積んだ。1641年70歳で他界し、セント・ヘーレン教区の墓地に葬られた。当時の著名な理論家の一人としてマンは、『東インド貿易論』(*A Discourse of Trade, From England unto the East-Indies : Answering to diversl obiections which are Usually made against the same*)を1621年に出版し、『外国貿易によるイングランドの財宝：わが国の外国貿易の差額が、わが国の財宝に関する法則である』(*England's Treasure by Forraign Trade or, the Ballence of our Forraign Trade is the Rule of our Treasure*) は、彼の死後1664年に息子のジョンによって公刊された。また『東インド会社の請願と進言』(*The Petition and Remonstrance of the Governor and Company of Merchants of London, Trading to the East Indies, Exhibited to the Honorable the House of Commons assembled in Parliament, Ann*) は1628年に東インド会社の保護を下院に求めるためにマンの責任で作成されたものである。
（2）*Joseph A. Schumpeter, "Epochen der Dogmon- und Methodengeseh ichte" in Grundriss der Sogialöhonmih, I*, 1914年、中山伊知郎、東畑精一訳『経済学史』岩波書店　昭和26年　31頁。
（3）市川泰治郎『世界貿易論』鱒書房　昭和22年　参照。
（4）T. Mun, *England's Treasure by Forraign Trade*……（*ed., by, W.J. Ashley*) p.23　渡辺源次郎訳『外国貿易によるイングランドの財宝』東京大学出版　1971年、35頁。以下、原名を "*Englaned's Treasure*" 訳名を『財宝』と略称する。
（5）渡辺源次郎　稿「マンの主張の要点と時代的意義」（『外国貿易によるイングランドの財宝』296頁に所収）
（6）T. Mun, *op. cit.*, p.24　邦訳　36頁。
（7）*Ibid.*, 24　邦訳　37頁。
（8）*Ibid.*, 23　邦訳　35頁。

(9) Cf ibid., 19 邦訳 31頁参照。
(10) Ibid., 21 邦訳 33頁。

第2節 古典派の貿易論

(1) アダム・スミスの貿易理論

1. はじめに

　18世紀中葉のイギリスでは、まさに産業革命の前後、工場制手工業から機械的生産への過渡期の時代にあった。農業においては、初頭あよりの第二次土地囲込み（エンクロージュア）運動の推進化によって新農法が普及し、経営の合理化・集約化をもたらし、特に工業面においても工場制手工業の発達、作業分化の進展による影響によって可能となった機械の発明がなされ、商業の促進、市場の拡大とともに、漸次機械的生産への推移を不可避的なものとした。しかしながら、いうまでもなくこのような傾向は、巨大な富と市場とを提供した外国貿易植民地拡張の原因でもあり、また結果でもあった。またこれと同時に対内的には、当時まだ小手工業者、家内工業者の勢力は相当なものであり、エリザベス王朝以来の徒弟法その他のギルド（同業組合）的規制を保持することにより、また対外的には、特権的商人、商業資本家は重商主義的保護制度を保守することにより、ともに社会経済の発展を阻害しつつあった。ここにおいてかかる伝統的束縛制度から自由解放は、まさにイギリス産業資本の時代的要求であったのである。自由主義の実現のプロセスは、重商主義的諸規制の緩和ないし撤廃に通じるものである。アダム・スミス（Adam Smith; 1723－1790）の活躍は、実にかかる時代においてであった。
　スミスをはじめ、フランソワー・ケネー（François Quesnay; 1694－1774）、アン・ローベル・ジャック・チュルゴー（Anne-Robert-Jacques Turgot; 1727－1781）などの重農主義者の時代では、すでに重商主義的国家政策によって、国内商業や外国貿易を発展させ、資本主義生産の発展を促進していた時代ではなく、そういった発展がすでにじゃまになりつつある時代であった。

第2章 貿易理論と貿易政策論

　この後期重商主義時代にも、西ヨーロッパの国々では国内商業、外国貿易そして資本主義生産は発展を続けていた。1700年イギリスの輸出額は、約648万ポンド、輸入額は約597万ポンドであったが、約1世紀後の1800年では輸出額は約3,812万ポンド、輸入額は約3,050ポンドとなっていた（密貿易の大きさにより統計は特に重商主義政策の下では正確ではないが、その額は関税とほぼ同額であったろうと思われる）。フランスでも、18世紀の初頭と後半では5.4倍もの外国貿易の増加になっていた。しかし、この世紀のイギリスやフランスの貿易の発展は、重商主義者たちの手になるものではなかった。国際収支上の順差額や金銀などの貴金属の流入を、貿易の目的と考えていた重商主義者たちは、輸出の奨励にはつとめたが、輸入を禁止したり抑制したりすることにつとめ、逆にそのため貿易の本来の自由な発展を妨害した。

　スミスの経済政策の基調が、自由放任論にあり、かかる理論の根拠が、個人の利益と社会の利益との予定的調和を信ずる楽観的自然神教的世界観にあり、その思想は部分的で限定的ではあったが、現実世界と接点をもっていた。したがってスミスの放任論の目指す所は、中世的干渉諸制度およびある意味において、その延長線上にある重商主義的諸政策の弊害を指摘し、その存在の根拠を覆し、もって各人の経済的活動をそれらの束縛より解放し、自由な制度の実現を助成することであった[1]。

　さらにいえば、ケネーやチュルゴー同様スミスの思想は、このように国内商業、外国貿易そして資本主義生産の発展の障害となってきた重商主義の理論や政策を排除し、それらの発展に新しい方向を指向することを使命としていた。重商主義政策が貿易を妨害するようになった原因は、かれらが、貴金属（金銀貨）を国富の源泉とかんがえ、貿易の目的が順貿易差額（輸出超過）によって金銀の国内への流入を図ることであり、その国外流出をひき起こすような外国品の輸入を極力抑制しようとしたことにあった。スミスや重農学派は、すでに、貴金属についてそのような考え方をもたなくなっていた。

　特に換言すれば、スミスは対外的に、西欧諸国の従来の外国貿易政策の基調である重商主義が、金銀の累積をもって政策の帰趨とし、また植民地貿易

を制限し、特に特権会社をして外国貿易を独占しうることが国内的干渉制度にも増して、資本の自由な流通を妨害し、経済社会にとり無用な有害物であることを攻撃したのである[2]。金銀に対する必要性は、信用制度が組織化されるにつれて小さくなっていった。かれらにとっては、富とは人びとの役に立つ必需品や必要品そのもののことであり、金銀貨は、このような必要品を購買するための手段でしかなかった。貴金属や国際収支の黒字それ自体は、国富を増大させるものではなく、一国の富は、それらが外国の必需品や必要品と交換されてはじめて増大するのである。これがかれの考え方であった。スミスは、『諸国民の富（国富論）』の序論の冒頭において「すべての国民の年々の労働は、本来その国民が年々消費するすべての生活の必需品と便益品とを供給する資源（ファンド）であって、その必需品と便益品とはこの労働の直接の生産物であるか、あるいはその生産物をもって他の諸国民から購入したものである[3]」と述べている。

　では、そのような富、つまり人びとに役立つ必要品を増加するには、どのような手段によってなされるのか。富の大部分は人びとの労働を通じて生産される。労働が国富の源泉である以上、各国民は(1)労働者の熟練、器用、および判断、すなわち労働の生産力の程度、(2)労働に従事する人びとの数がこれに従事しない人びとの数に対して保つ比例の大小によって、その富が決定される[4]。そして特に富を増大させるには、第一の労働の生産力を高めてゆかなければならない。スミスによると、このような労働生産性の向上は、分業によってもたらされるとする。分業には工場内のマニュファクチャー的分業と社会的分業とがあるが、どちらの分業も労働の生産性を高める点では同じとなる。分業の行われる範囲を制限する事情を市場の広さや資本の大きさにもとめ、分業による労働生産性は、市場をひろげればひろげるほど有効に向上する。それ故、国内商業や外国貿易の発展が、労働生産性の向上のためには、どうしても必要となる。国内商業や外国貿易を発展させるためには、政府はこれらのものに統制や制限を加えてはならない。もし、ある国が外国からの輸入に制限を加えれば、制限を受けた国は、せばめられた市場のため

に、分業の利益を十分に発揮することができなくなり、輸入国はいつまでも高い価格でその商品を輸入することになるだろう。他方、ある国が人為的に輸入を奨励するならば、その産業は、労働生産性が割合に低い状態でも、存続するだろう。しかしいつまでもこのように労働生産性の低い産業へ資本や労働を集中させることは、その国全体の労働生産性の向上を遅延させることになる。それぞれの国々が自由に比較的安価に生産することができる商品は、自国内で生産して自国で消費するばかりでなく、外国へ輸出し、その他の国々のほうが安価に生産できる商品は、ほかの国から輸入するようにして、国際分業を行うほうが、すべての商品を自国で生産するよりも有利になる。

スミスの自由貿易主義は、畢竟国際的分業による資本および労働の自由なる流通を根拠とするものである。思うにかれに従えば、一国内の技術的社会的分業が、人間性より自然的に発達する結果となると同様に、国際間にも自然的に分業をきたし、経済的交通を生ずることになる。そのため貿易自由の原則が、一国内に行われて社会全般の利益をもたらすのに対し、それが国際間に行われて各国相互の幸福をもたらさない理由はない[5]。スミスによれば、「買うよりも廉価なる商品を自分で作ろうとしないのは、すべて思慮ある家長の原則である。仕立屋は自ら靴を作らないでこれを靴屋より買い、また靴屋は自ら衣服を作ろうとしないでこれを仕立屋に作らせる。これはみなすべて、自己の労働を専ら他人よりいくらか長じ優れている方面に向け、その生産物の一部を売って、自己の必要品を買うほうが有益であるとするのである。およそ一家の行動として思慮あることが、恐らく一国の政策として愚劣なる道理はあり得ない。もし外国がある商品を自国において生産するよりも廉価に供給し得るならば、自国の得意とする産業の生産物の一部を以て、その商品を外国から買ったほうが得策である[6]」としている。

もとより特定の産業は、輸入関税その他の保護手段により、時としてそうではない場合よりも速やかに確立し、のちには外国におけると同様に、あるいはそれよりも安価に国内において生産しうるに至であろう。

このようにして、スミスは対外貿易の原則として自由放任主義を主張した。

しかしそれはまた絶対無条件なるものではなくて、若干の除外例を認めていた。その第一は内国産業を奨励するため、外国産業にある負担を課すことに一般に利益があると認められる場合と、国防上ある特殊の産業が必要となる場合貿易の自由を制限すること、および内国生産物に内国消費税が賦課される場合には、同種の輸入に対して等額の税金が課税されるべきであると指摘することによって修正した。

　18世紀末期より19世紀初期に至る産業革命が、スミスにおいて概してまた理想であったものを現実化させ、また生産の変革とともに分配をも変革し、ここにみずからより現実化し、より発達した事実としての資本主義社会が考察の対象となり、特にその分配関係の分析が、当面の課題であるに至るや、スミスの経済学もまた新に拡充展開せられざるをえなかったことは当然である。しかしその際、あるものは主としてスミスにおける外面的、現実的、帰納的方法を踏襲し、他の者は、枯れ野内面的、抽象的、演繹的方法を継承することになる。前者はマルサスにより、後者はリカードにより代表せられる[7]。

〔注〕
（1）舞出長五郎『経済学史概要』上巻　岩波書店　昭和16年　203〜204頁。
（2）同書　205頁。
（3）Adam Smith, *An Inquiry into the Nature and Causes of the Wealth of Nations,* 1776（ここでは、1925年のE. Cannanのものを使用した。原書頁はそれによる）. vol.I, p.1『諸国民の富』(1)　岩波書店　1959年　89頁。
（4）*Ibid.*, pp.1-2. 邦訳　1〜2頁。
（5）舞出長五郎　前掲書　206頁。
（6）A.Smith, *op. cit.*, Vol.I Bk.IV, Ch.II p.422.　邦訳(3)　59頁。
（7）舞出長五郎　前掲書　216頁。

2．重商主義の原理批判

　スミスがなぜ重商主義を詳細に論駁することが必要であったのかを計る物指の一つは、彼の著書である『諸国民の富』[1]において見出せるとする

第2章　貿易理論と貿易政策論

見解がある。トインビー（Arnold Toynbee; 1852-83）によれば、題名の"Wealth of Nations"の Nationsは複数であり、T.マン（Thomas Mun; 1571-1641）の一国の富を増加させる目的で書かれたもの（"England's Treasure by Forraign Trade: or, the ballance of our forraign trade is the rule of our treasure"『外国貿易によるイングランドの財宝』1664年）とは体系的に非常に異なっており、換言すれば、国民経済体系から乖離して、世界主義を根本思想として世界経済を言及し、商業は1国民だけというものではなく、世界各国の国民がそれぞれにそれに参加し、利益を享受することができるという考え方があったからであろうと思われる。すなわち、この世界主義が重商主義を論駁することが必要となったからであるとするものである[2]。

『諸国民の富』の第4篇は、商業主義（Commercialism）、または重商主義（Mercantilism）の批判で始まっている。スミス以前の欧州諸国の支配的な経済政策であった国家主義的な干渉政策は、スミスの自由経済とは正に反対の考えであったからである。金銀を貨幣とイコールとして1国の富の源泉は、金銀の、すなわち貨幣の蓄積であるとして[3]、それを増加させるための保護政策、例えば工業製品の輸入制限や農産物の輸出制限が採られた。

重商主義者が富イコール貨幣と考えたのは、ある意味では自然のなり行きであった所もあろう。というのは、実物経済社会から貨幣経済社会への急速な移行に伴なっての貨幣の役割の増大、しかも信用制度が未発達であることにより、貨幣イコール金、銀貨（地金）と考えたことは、当然の帰結であった。換言すれば、貨幣が最も流動性の高いものであるという理由によって、貨幣への要求が、貨幣経済社会への段階の移り変わりに呼応して、増加したのである。そしてさらに、貨幣（金、銀）の不足は、一層貨幣需要を高めることになった。この点に関してスミスは次のように言っている。「富が貨幣または金銀より成るということは、貨幣が商業用具および価値の尺度として、二重の機能をもつことから自然に生じる通俗的見解である。貨幣は商業の用具であるから、貨幣をもってさえいれば、他のどのような商品によるよりも

一層容易にわれわれの必要とするどんな物でも手に入れることが可能である。われわれのいつでも当面する大問題は、そもそも貨幣を得ることである。一度それを得てしまえば、その後は何でも買うのに何の苦労もない。また貨幣は価値の尺度であるから、われわれは貨幣の数量をもってこれを交換せらるべきあらゆる財貨の価値を評価する。われわれは富者のことを、彼はたくさん貨幣があるといい、貧者のことを、彼は貨幣がないという。倹約家または富まんとしてあくせくするする者は、愛銭家といわれる。しかるに不注意な者、大まかな者、または浪費者は貨幣に無頓着といわれる。富んで来るとは、貨幣を取得するということである。要約するに、富と貨幣とは日常の用語上、いずれの点においても同義のものとみなされている。富者と同様に、富国とは貨幣が豊富な国と考えられる。またある国に金銀を蓄積することが、その国を富ませるためのもっとも手っとりばやい道だと思われている」[4]としてそれを捉えた。

またスミスによれば、「富は貨幣即ち金銀より成るものではなく、貨幣で買えるものより成るということ、そして貨幣は一つにこのものを買う力があるからこそ価値があるのだということを真剣に証明しようとつとめるのは、余りにもばかばかしいことであろう」[5]とし、また「金銀がこれを買うだけの手段をもつある国で、なんらかの場合に不足するようなことがあれば、いつでも金銀に代位するための便法はほとんど他のどのような商品よりも多い。もし製造業の原料が不足すれば、その工業は休止せざるをえない。食料品が欠乏すれば、国民は餓死せねばならない。しかし貨幣が不足すれば、たとえ非常に不便であっても、物々交換でそれに代えることができる。信用で売買して、さまざまな商人が、月一回、また年一回、たがいに彼らの信用を決済すれば、それほどの不便もなくそれに代位することになるだろう。よく整備された制度で紙幣を代わりに使えば、何の不便もないのみならず、場合によっては、ある種の利益すらあるであろう。それ故、どの点から見ても、政府の注意力を、一国における貨幣数量の保持または増加を監視するために向けることほど、無駄なことはない」[6]として、本来の貨幣の職能としての支払い

手段の富の源泉とを同義語としてみたところに、重商主義の根本的ドグマが存在したと考えたからであろうといってよい。

　スミスの考えた富とは、人びとの役に立つ必需品や必要品そのもののことであり、金銀貨は、このような必要品を購買するための手段でしかなかった。『諸国民の富』の序論の冒頭において、「すべての国民年々の労働は、本来その国民が年々消費するすべての生活の必需品と弁益品とを供給する資源（ファンド）であって、その必需品と便益品とはこの労働の直接の生産物であるか、あるいはその生産物をもって他の諸国民から購入したものである」[7]と述べている。すなわち、富の源泉を流通過程において捉えることではなく、生産過程においてこそ富本来の源泉が存在するとしたのが、スミス経済学の理論的基調であった。

〔注〕
（1）スミスの通称 *"The Wealth of Nations"*（『国富論』あるいは『諸国民の富』）の正確な名称は *"An Inquiry into the Nature and Causes of the Wealth of Nations"*（『諸国民の富の本質と原因に関する研究』）である。以下 *The Wealth of Nations*（『諸国民の富』）とする。
（2）A. Toynbee; *"Lectures on Industrial Revolution of the Eighteenth century in England"* 1933. p.61.
（3）16世紀に入ってヨーロッパ経済は、全体として交換経済、すなわち貨幣経済の時代に入った。社会が中世のような、自給自足の自然経済からしだいに商品流通の拡大を見るとともに、貨幣は、いつでも物を買い、支払のできるそしてけっして腐りもこわれもしない、絶対的に一般的な富の形態、すなわち最も流動性の高い性質を有するからである。封建制度においては物を生む母なる土地が主であったが、その崩壊した時期においては貨幣が主となった。貨幣を所有し駆使し、増殖する商業資本家の勢力が高まり、ヨーロッパの経済政策に著しい変化をもたらすに至った。
（4）*Ibid.*, p.396. 邦訳　第4編　4頁。
（5）*Ibid.*, p.404. 邦訳　第4編　15頁。
（6）*Ibid.*, p.403. 邦訳　第4編　14頁。
（7）*Ibid.*, BK.I p.1 邦訳　第1編　3-4頁。

3. 分業の理論

　スミスが『国富論』第1編第1章に「分業について」という主題を設けたのは、次のような理由があったからである。1つは、それが労働の生産性を改善させ、増大させる最も効果的な手段であり、結果的には一国の富を増加させる大きな要因になるからであったこと。また2つには、生産要素の構成要因のうち当時としては、人的労働を生産の最も主体的な存在要因として捉え、その属性を有効に活用する方法として考えたこと。そしてそれが第一義的であり、他はその派生関数とみたこと。第3には、見えざる手に導びかれて、各経済主体が各人の利己心のおもむくままに経済行動を行なった場合でも、国富を増加させるとするスミスの考えは単なる工場内の作業分業（技術分業）を越えて、それを敷衍した社会分業へ、さらには国際間での国際分業をも、その伏線として彼の考えの中にあったからであろうと思われる。すなわち、分業は、一工場内でも、社会においても、また広く国際間においても富の源泉であり、あるいは富裕の発展にとって必須の原因であるとしたことである。

　すなわち、スミスは、富は一国民の年々の労働の直接の生産物あるいはそれと交換によって他の国民から得られる生産物より成るとする。そしてこの富を増殖させる上で必須な条件は、「第1には、何でも労働する時の熟練、技巧及び判断によって、第2には、有用な労働に従事する人々の数と、そういう労働に従事しない者の数との割合によって」[1] である。すなわち、労働の生産性を改善し、高めることによって、国民の富の増加をもたらすことになる。そしてこの「労働生産力のこの増進の諸原因」の最も重要で決定的な要因となる「労働の分割（配）＝分業」が、配置され、論述されたのである。

　例えば理解しやすい一例として ―― 爾来、古典的になったところの一例 ―― 工場内の作業分業を取り上げ分業について説明を加えている。「ピン製造業の職業をとってみるならば、（しかも）この仕事が現在営まれている方法によると、全作業が一つの特別な職業であるばかりではなく、それはいくつもの部内に分割されており、しかもその部門の大部分もまた同じよう

に特別な職業なのである。一人の男は針金をひき伸ばし、もう一人はこれをまっすぐにし、第三の者はこれを切り、第四はこれをとがらせ、第五は頭部をつけるためにその先端をとぎみがくのであって、頭部をつくるのにも二、三の別個の作業が必要で、それをつけるのが特別の仕事なら、それを白くするのももう一つ別の仕事であり、ピンを紙包にすることさえもが一つの職業だというふうに、一本のピンを作るというこの重要な仕事は、約18の別個の作業に分割されているのであって、いくつかの製造場では、そのすべてが別個の手でおこなわれている、といっても、他の製造場では、同一人がときには、そのなかの2，3のものを行う場合もあるであろう。わたしはこの種の小製造場も見たことがある。そこでは、10人しか使用されておらず、またその結果、かれらのうちのある者は、2，3の別個の作業を行なっていた。かれらはきわめて貧困で、したがってまた必要な機械類をむしろ不完全なものしかあてがわれていなかったけれども、精だしてやりさえすれば、みなで1日に約12ポンドのピンを作ることができた。1ポンドのピンは、中型のもので4,000本以上になる。それ故、これらの10人は、みなで1日に48,000本以上のピンを製造できるわけである。したがって各人は、48,000本のピンの10分の1、つまり1日に4,800本のピンを作るものと考えてさしつかえない。けれども、かれらのすべてが個々別々に独立して働き、またその誰もがこの特別の仕事のための教育をうけていなかったならば、彼らの各々は、1日20本はおろか、おそらくは1本のピンさえつくれないであろうことは確かであり、すなわち、彼らの各々は、そのさまざまな作業の適当な分割や結合の結果として現在行なえるものの240分の1はおろか、おそらくはその4,800分の1さえなし得なかったであろう」[2]と。

　この引用文によって、スミスは分業を工場内の一製造業の技術的分業を基本的形態として、簡潔に説明した。しかし後にもわかるように、この分業の形態は、これを敷衍した上での「種々の産業及び職業相互の分離」、すなわち、社会的分業（職業分業）へと、さらには国際間における分業、すなわち国際分業へと結びつける伏線となっている。当然のように分業の利益は、こ

れに諸形態において享受されることができると見ている。すなわち、分業原則の利益におけるスミスの説明は、実質的に真理であり、若干付加される所があっても、なおかつ充分なるものと考えられるのである。

　スミスにおいては、本来分業というものは人間の本性のなかにある一定の性向、それ以上説明できない本源的な諸原理の１つ、つまりある物を他の物と取引きし、交易し、交換するという性向の非常に緩慢で漸進的ではあるが、必然的な帰結なのである。しかも、この性向は、人間に固有であり、それは一切の人間に共通で、しかも他のどのような動物類にも見られることができないのであり、「例えば狩猟民または牧羊民の種族のなかで、特定の者が他の誰よりも手ばやく巧妙に弓矢をつくるとしよう。彼は弓矢をその仲間の家畜やしかの肉としばしば交換し、そうする内に、結局こういうふうにするほうが自分で野原に出かけて行ってそれらを捕らえるよりも一層多くの家畜やしかの肉を獲得できる、ということを発見するようになる。それ故、自分自身の利益を考えて、弓矢の製造がその主たる仕事となり、一種の武器製造人となる。（また）小さな小屋や移動家屋の骨組みや屋根の製作している者は、この方面でその隣人に役立ち、隣人はまた同じようにしてかれらに家畜やしかの肉を報酬としてあたえ、そうする内に、かれはこの仕事に献身するのが自分の利益だということを悟るようになる。……このようにして、自分自身の労働の生産物の余剰部分の中で、自分自身の消費をこえてあまりあるすべてのものを、他の人々の労働の生産物の中で、自分が必要とするであろうような部分と交換しうるという確実性が、あらゆる人を刺激して特定の職業に専念させ、その特定の種類の仕事についてかれがもっている才能または天分がおよそどのようなものであろうとも、それを発展させ、完成させるのである。」[3]

　このようにして、スミスにおいては、分業は交換に対する人間の本性中にある交換性向から生じるとし、分業の発生原因を人間の交換性に求めた。またスミスは、その発展を交換可能な範ちゅう、換言すれば、市場の広さに依存するとして、「市場がきわめて小さい場合には、だれ一人として１つの仕

事に献身するための刺激をうけることができない。というのは、自分自身の労働の生産物の余剰部分の中で、自分自身の消費をこえてあまりあるすべてのものを、他の人々の労働生産物の中で、自分が必要とするような部分と交換する力が欠如しているからである」[4]とする。これは、国内市場の限界が結果的に国際間の交換を通じての国際分業の可能性を示唆することになる。

〔注〕
 (1) A. Smith, *op., cit.*, Vol.I pp.1-2, 邦訳　第1編　3-4頁。
 (2) *Ibid.*, pp.6-7. 邦訳　9-10頁。
 (3) *Ibid.*, p.17. 邦訳　17-18頁。
 (4) *Ibid.*, p.19. 邦訳　24頁。

4. 外国貿易論

前述のようにスミスは、「統治がよくゆきとどいた社会では、普遍的な富裕（universal opulence）が人民の最下層の階級にまでひろがっているのであって、これこそは、分業の結果あらゆる工芸の生産物のすべてが大増殖したためにひきおこされたことなのである。……そこで一般的豊富が社会のすべてのさまざまの階級を通じてゆきわたるのである」[1]として、分業こそが、富を増加させ、利益をもたらすものであるとして、それを大いに奨励していかねばならないとした。しかし、分業の発展は、市場の拡大によって制限を受ける。そのため、必然的に狭隘な国内市場に限界がもたらされると、次には広大な外国市場にそれを求めていかなければならない。国際間の自由な交換によって、始めて分業からの利益を享受できるのである。換言すれば、それは国際間における各国の分業を基礎として、当事国で自由貿易を展開して得られるものである。

この点に関して、スミスによれば、「買うよりも、自分で作る方がかえって高くかかるものは、決して自分の所で作ろうとはしないのが、すべての分別ある一家の主人の主義である。裁縫師は自分の靴を自分で作ろうとはしないで、靴屋から買う。また靴屋は自分の衣服を自分で作ろうとしないで、裁

縫師に作らせる。……もしある一外国が一貨物をわれわれ自ら作るよりも安くわれわれに供給しうるならば、われわれは、自分たちが多少ともこの外国に比べて得意とする自国の産業を活動させ、その生産物の一部をもって、この生産物を買った方が得策である」[2]としている。すなわち、交換が、同一国民でなく異なる国民との間でも、輸出入の自由な状態に従うならば、必ずや利益を得ることができるとする。しかも、それ故「分業の諸利益は、スミスの見る所では、一国民の地理的境界以上にも及んだのである。諸国民は、各個人と同様に種々なる利益を、即ち自然的なものであれ、後天的なものであれ、位置、土壌、気候の諸情勢から得たものであれ、長期の実行に、または遺伝的性質に基くものであれ、諸国民をして特殊な諸商品を生産するに適したところの種々の利益を所有するのである。個々の労働間の・個々の職業間の・および諸他方間の・分業は、熟練の増進、時間の節約をもたらした。そして、同様なる結果が、諸国民間の分業に於ても生ずるであろう。両当事者は、彼らがその生産に一層適合する諸商品を自由に交換すれば、利益を得るであろう」[3]としている。

　スミスは、国際間において分業が行なわれ、自由貿易を実施すれば、それぞれ貿易当事国にとって利益を享受できるという。そして、それは、例えば大きな自然的長所のある国があり、他国がその点で比較し競争するのは無益であるとの見解を示し、「ある一国が特殊の諸商品を生産するうえで他国に対してもつ自然的長所は、時には非常に素晴らしいものであって、これと競争するのは無駄だと全世界に認められる程である。スコットランドでも、温室、温床、温壁等をもってすれば、極く良質のブドウができるし、また少なくとも同質のブドウ酒を外国から輸入する費用の約30倍をかければ、極く上等のブドウ酒でもこのブドウで、造り得る。スコットランドでボルドウ産の赤ブドウ酒やブウールゴニュウ酒の醸造を奨励するというだけのために、外国産ブドウ酒の輸入を全部禁止する法律は果して合理的な法であろうか。自国で需要される等量の財貨を外国から買うのに要する所よりも30倍も多い自国の資本と労働を、ある一事業に向けるということは、明らかに不条理だと

第2章　貿易理論と貿易政策論

するのであれば、自国の資本なり労働なりを、それ程ひどく目立たないようにしても、なお正しく同種の不条理が認められるに相違ない。ある一国の他国に優れている長所が、自然的なものであろうと、後天的なものであろうと、いずれにしてもこの点では無関係である。とにかく一国がこれらの長所をもち、他国がそれを欠いている間は、後者にとっては自ら造るよりも、むしろ前者から買う方が得策であろう。けだし、一工匠が他の職業を営む隣人に優れるところは自然的な長所ではなく、習得された後天的な長所に過ぎぬ、それでも両者は自分の本職ではないものを自ら作るよりも、互いに相手から買う方が有利だと思っている。」[4]

このようにして、スミスは対外貿易の原則として自由貿易を基調とする国際分業を主張することになる。各国がその得意で優位な産業に全資本ならびに労働を集中させ、また不得意で不利な産業の生産物を自国にて製造せずして、より廉価なものを外国から購買することが、すべての国々の国民の富を増加させる最善の方策であるとの見解をもったのである。それ故、余剰生産物の交換を自由に行なって、別の形態で富の増殖を行なうことが、外国貿易の使命であり、この点においてこそ重要な意義を有することになるのである。

しかし、スミスの外国貿易論は、J. S. ミルやリカードによって余剰物捌口論（the vent for surplus theory）であるとして批判された。

リカードによれば、「われわれは諸商品を製造し、それでもって海外から財貨を買う、なぜならば、われわれは、国内で作製することができるよりも、より大なる分量を取得することができるからである。われわれからこの貿易を奪えば、われわれにはただちにふたたび自分たちで製造する。しかしスミスのこの意見は、この主題にかんする彼の一般的学説全体と相違している。」[5]としている。しかし、このスミスの命題の内容の示すところは、いわゆるリカードの比較生産費説によって外国貿易が営まれることを説明するものがある。これがスミスの外国貿易論の特徴となっているものである。

これらの点をすべて考慮してスミスの外国貿易論を論ずれば次のようになろう。すなわち、一国の富の増加は、分業の発展によりもたらされるもので

あり、その分業の改善、発展は、市場の広さに依存する。狭隘な国内市場は、その範囲がいつかは限定され、事物の自然の成り行きとして生産物が余剰となる。しかしこの国民の総生産物は富の源泉である。それも、富の形態としては真実であり、余剰物であってもむだな、無価値な物として排除することは回避せねばならないのである。すなわち、その余剰産物を別の生産物と交換することによって、別の形態で国富の増大を考えることが必要となってくる。そうすることによって、自国内で生産の不可能な生産物や費用のかかりすぎる生産物は、国内の余剰生産物と交換に手を入れることが可能となる。その結果、一国の富は、いままで以上に増大するのである。市場の範囲が広ければ広いほどいいのであって、国内市場で余剰となった生産物は、技術革新を促進し、労働の生産力を高めることによって、外国貿易を通して他の富と交換されることになる。スミスにおける外国貿易の役割は、正にこの点に存在したと考えられる。

〔注〕
(1) A. Smith, *op. cit.*, Vol.I p. 12, 邦訳 第1編 16頁。
(2) *Idid.*, Vol.III. p.422. 邦訳 第3編 38−39頁。
(3) L. L. Price, *A Shert History of Political Economy in England, from Adam Smith to Arnold Toynbee*, 1891. 石渡六三郎『英国経済学史』日本評論社 昭和3年 33−34頁。
(4) A. Smith, *op. cit.*, Vol.III p. 423−424, 邦訳 第3編 40−41頁。
(5) D. Ricardo, *The Worke and correspondence of David Ricardo*, P. Sraffa ed., Vol.I,1951. p.295 『デェヴィド・リカードゥ全集』I, 雄松堂書店 1972年 340頁。

(2) D. リカードの貿易理論

アダム・スミスは自由貿易の利益を称賛したが、かれのいうところによれば、貿易の自由はおのおのの国々が元来その生産に最も適している財を作ることに専門化するような、条件に導くであろうとし、貿易の発生の本質的な条件を生産費の絶対的差異に求めた。しかしながら、スミスの定式化は不完

第2章　貿易理論と貿易政策論

全であり、それは再考を必要とするものであった。すなわち、もしある国が元来、すべての財の生産に他の国よりも適しているとすれば、その場合貿易の自由を主張するヨリ完全な説明は、デビッド・リカード（David Ricard; 1772−1823）にゆずらなければならない。それは19世紀の初頭に、自由貿易論のより完全な説明として、絶対的優位よりもむしろ比較的優位（相対的優位）に注意を集中するひとつの分析的命題に基づいて行われた。

通常リカードの議論は、有名な数例によって説明される。「イギリスは、服地を生産するために1年間100人の労働を要し、またもしもブドウ酒を醸造しようと試みるならば、同一期間に120人の労働を要するかもしれない。そういった事情の下にあるとしよう。従ってイギリスは、ブドウ酒を輸入し、それを服地の輸出によって購買するのがその利益であることを知るであろう。ポルトガルでブドウ酒を醸造するには、1年間80人の労働を要するにすぎず、また同国で服地を生産するには、同一期間に90人の労働を要するものとしよう。従ってポルトガルとにとっては、服地と交換にブドウ酒を輸出するのが有利であろう。この交換は、ポルトガルとによって輸入される商品が、そこではイギリスにおけるよりも少ない労働を用いて生産されうるにもかかわらず、なおおこなわれるであろう。ポルトガルは服地を90人の労働を用いて製造することができるにもかかわらず、それを生産するのに100人の労働を要する国からそれを輸入するであろう。なぜならば、その国にとっては、その資本の一部分をブドウの樹の栽培から服地の製造に転換することによって生産しうるよりもイギリスからひきかえにより多量の服地を取得するであろうブドウ酒の生産にその資本を使用するほうがむしろ有利だからである。このようにして、イギリスは、80人の労働の生産物に対して、100人の労働の生産物を与えるであろう[1]」として、スミスの所論、すなわち国際分業を継承しつつ比較生産費説を展開している。

モデルの特徴は、二国二財という条件で組み立てられており、各財は二国において生産可能であるとする。そしてまたこのモデルは、同じウエートの国家間の、また発展の同一水準においての取引を意味している。もちろん、

現実にイギリスとポルトガルは、1703年メシュエン条約によって表面は対等の通商関係にあったが、実際にはイギリス海運の支配下にあった。けれども、リカードはこのような設例によって、たぶんできるだけ人びとにこれを印象づけさせるため、また低費用の輸入品に対して国内産業保護を支持する世論一般の議論を退けるために、このモデルを設定したと考えられる。この設例を要約すれば、一国が二商品の生産において、他の国とくらべて絶対的優位をもち、しかもその一商品が、他の商品よりも生産上より大なる優位性をもつ時は、前者を生産し後者を輸入することが有利である。そしてまた、一国が二商品の生産において、他国にくらべて絶対的劣位で、しかもその一商品が他商品よりも生産上より大なる劣性を有する時には、前者を輸入し後者を生産することが有利である。

それ故、このような場合には、両国はそれぞれの比較的に優位とする商品の生産に特化し、その生産物を相互に交換することになる。一国が、他国にくらべてどちらの商品の生産においても絶対的優位性を有する場合にも、ある商品を自国内で生産するよりも外国から輸入した方が少ない費用でその商品を手に入れることになる限り、その商品を外国から輸入することになり、それ故また、絶対的劣位である国もいずれかの商品を輸出することになり、これらの両国間において貿易の成立を見出すことになる。

リカードはこの点において、国内商業と国際間での取引との相違を認識していた。同一国内では、商品の生産にこのような差異が存在する場合には、二商品それぞれの生産は絶対的優位性を有するところで生産されるはずである。このような事情が起こるのは、異なった国と国とが存在して可能となる。それは、同一国内においては生産要素、すなわち労働と資本の移動が自由であるのに反して、異なった国と国との間ではその移動性が困難であるからである。それ故、「一国内においては財貨の相対価値を定めるその同一のルールは、二国もしくはそれ以上の国々の間で交換される財貨の相対価値を定めるものではない[2]」ということになる。

リカードの理論それ自体が、多くの仮定に立っており、また甚だ象徴的で

第2章　貿易理論と貿易政策論

あり必ずしも一義的に明確なものではない。例えば、リカードのそのモデルは、労働費用の観点からのみ議論を押し進めているが、しかしそれ自体正確にいえばあてはまらない。すなわち、人間は道徳的な意味では、国際的な単位であるかもしれないが、しかし厳密に経済用語では「人間」は国際的単位ではない。異なった国々の人間の個人的属性は、相違しており、どのような場合にも気候、天然資源、技術水準そして知識のうん蓄は、ある国と他の国とでは異なっている。これに関連すると、国家間で一人当たりの産出量の直接的比較は、なんらの意味がないことになる[3]。

だからといって、直ちにリカードの理論が貿易の成立を説明しえないものであると決めてしまってはならない。それは、彼の理論が立脚している仮定をひとつずつ具体化し、現実の貿易を説明するために実際化することによって可能になる。リカードの比較的生産費説の立脚する仮定は、ヴァイナーによれば、(1)長期の調整に十分な時間、(2)自由競争、(3)二国二財、(4)労働者費用不変（生産高の変動に拘わらず）、(5)各国内における総実質費用および供給価格の労働時間費用に対する比例性である。またハーバラーは、この仮定をより現実的な仮定にと置きかえているが、それに従えば、リカードの仮定は、(1)物々交換、(2)二国二財、(3)運送費の無視、(4)不変費用、(5)需要、供給の無視、(6)労働という普遍的生産手段の存在。またJ.ロビンソンなどによれば、(1)国内に与えられた生産資源の完全使用および国家間での生産要素の不移動性、(2)一定の嗜好と技術、知識、(3)各国内の産業間での生産要素の完全移動、(4)各産業内での完全競争状態、(5)各国に等しい毎年の輸出入の価値などをあげている[4]。以上のような仮定を考慮しながらリカードの設例を取り扱うとすれば、彼の理論が単純化されているとはいえ、自由貿易の本質を解明する上ではなんら問題はない。

〔注〕リカードの比較生産費説は、スミス的な絶対的生産費説に基づく貿易利益の説明と比較して把握しておく必要がうろう。第1表は絶対的生産費差による場合がであり、第2表は比較生産費差による場合である。

第2-1表 絶対的生産費差

生産物＼国	イギリス	ポルトガル
ラ シ ャ	100人	110人
ブ ド ウ 酒	120人	80人

貿 易 利 益

特 化 前

	イギリス	ポルトガル	両国合計
ラシャ	100人の労働＝1単位	110人の労働＝1単位	2単位
ブドウ酒	120人の労働＝1単位	80人の労働＝1単位	2単位

特 化 後

	イギリス	ポルトガル	両国合計
ラシャ	220人の労働＝2.2単位 (1単位＋1.2単位)		2.200単位
ブドウ酒		190人の労働＝2.375単位(1単位＋1.375単位)	2.375単位

出所：田中喜助『貿易論』日本評論社、136頁。

第2-2表 比較生産費差

生産物＼国	イギリス	ポルトガル
ラ シ ャ	100人	90人
ブ ド ウ 酒	120人	80人

特 化 前

	イギリス	ポルトガル	両国合計
ラシャ	100人＝1単位	90人＝1単位	2単位
ブドウ酒	120人＝1単位	80人＝1単位	2単位

特 化 後

	イギリス	ポルトガル	両国合計
ラシャ	220人の労働＝2.2単位 (1単位＋1.2単位)		2.200単位
ブドウ酒		170人の労働＝2.125単位(1単位＋1.125単位)	2.125単位

出所：第1表に同じ、138頁。

第2章 貿易理論と貿易政策論

〔注〕
(1) David Ricard, *Principles of Political Economy, and Taxation.* 1817
（ここでは、Gonner's editionによった。原書頁はこれによる） pp.115-116.
竹内謙二訳『経済学及び課税の原理』東京大学出版会 1973年 130～131頁。
(2) *Ibid.*, p.113. 邦訳 129頁。
(3) Joan Robinson, *Reflections on the Theory of International Trade.*
1974. 小林 通訳『ジョーン・ロビンソン 国際貿易理論の省察』駿河台出版社 昭和52年 7頁。
(4) 小林 通稿 同訳書所収付録の解説 38～40頁。

（3）J. S. ミルの貿易論

D. リカードによれば、国際分業の必要性、また貿易当時国が何の産業に特化し、でき上がった製品と交換に、何を輸入することになるのかという問題に関して、体系化された理論をうちたてたが、二国間の貿易上の交換比率、——すなわち「交易条件」——は、どの間で決定され、そこから生ずる利益は、二国間にどのように分配されるのかの議論は言及されなかった。それは、国際価値論（国際均衡論）として J. S. ミル（John Stuart Mill; 1806-1873）によって述べられ、さらに A. マーシャルによって相互需要曲線（reciprocal demand curves）によって分析されていった。

ミルに従えば、輸入品の価値については、リカードの学説を継承して、その価値はその商品の生産国における生産費によって定められるのではなく、それと交換される輸出商品の生産費に依存するものと解した。しかもこの点を展開して、生産費は、輸入商品の価値の変動する限界を定めるにとどまり、最終的に国際価値を決定するものは、両商品に対する各国の需要供給関係であるとするものであった[1]。すなわち、換言すれば国際間においては、国内とは異なった価値法則が支配し、輸入品の価値は、その商品の生産国の生産費によって決定されるのではなく、その商品を獲得するために輸入国が支払う費用、すなわち輸入商品との交換として輸出される商品の国内における生産費によって決定される。両貿易当事国が相手国生産物に対してもっている

相互需要に依存しており、したがって輸入品の価値は「交易条件」(二商品の交換比率) によって決定されるとする相互需要説を主張し、次のような想定を設けて「相互需要均等の法則 (国際価値の法則) (The Law of the Equation of Reciprocal Demand)」説明する。

例えば、理解が容易になるために、イギリスおよびドイツという二国だけが存在するとし、しかもこれらの二国は、ラシャおよびリンネルという二財を生産し、この二財貨についてだけ貿易するにすぎないとする。

	ラシャ	リンネル
イギリス	10ヤード	15ヤード
ドイツ	10ヤード	20ヤード

そしていま10ヤードのラシャが、イギリスでは15ヤードのリンネルと、またドイツでは20ヤードのリンネルと同一費用で生産されるとする。このような時には、イギリスが10ヤードのラシャをもってドイツから20ヤードのリンネルを買うならば、イギリスは利得し、ドイツは利得しない。これに反して、イギリスが15ヤードのリンネルで10ヤードのラシャを買えば、ドイツは利得し、イギリスは利得しない。そこで両者が利得し、国際貿易が成立するためには、イギリスの10ヤードのラシャのかわりにドイツの与えるべきリンネルは、15～20ヤードの間のどこかでなければならない。そのため、それがどこであるかを決定するものは、需要供給の法則である。それは、両国においてそれぞれ需要される商品量が平衡する点である[2]。

すなわち、例えばイギリスの需要するリンネルの分量が、ラシャ10ヤードのリンネル17ヤードの交換比率 (ラシャ10対リンネル17) で1,000ヤードであると仮定すれば、リンネル17ヤード×1,000は、ラシャ10ヤード×1,000となり、イギリスの必要とするリンネルの数量は、ドイツの必要とするラシャの数量と相互に需給が一致する。しかし、リンネル、ラシャの需給が事情の変化 (例えば季節的な需要変化など) によって、イギリスにおけるリンネルの需要が減少し、リンネル17ヤードの800倍以上の消費を望まず、またドイ

ツは、以前と同じようにラシャ10ヤードの1,000倍を需要するとすれば、以前の交易条件では、ドイツはラシャ10ヤードの800倍しか得られない。それ以上の200倍を入手しようとすれば、ドイツはラシャ10ヤードに対して、リンネル17ヤード以上を提供しなければならないだろう。もしそこでドイツは18ヤードのリンネルを提供するとすれば、イギリスはこの交換の割合では、もっと多くのリンネルを購入しようと考えるかも知れない。また他方では、ラシャの価格が高くなったために、ドイツのラシャに対する需要は減少することになるであろう。そのため、リンネル18ヤード×900となり、両国どちらにとっても満足し、両国の需給は一致し、イギリス、ドイツとのラシャとリンネルの二商品の交換比率、いわゆる交易条件は10対18という点に帰着する[3]。

いわゆる、この国際価値の理論は、本来的な意味では、(1)国際間での貿易における価値は輸出と輸入に基づく相互的需要の比において決定されると同時に、(2)それは生産費とは独立であるという二つの命題を包含する。また、この原理に関する数例を用いての説明にはいくつかの条件を仮定しており、現実には消費者の嗜好とか環境によって二国がそれぞれ需給が一致する点を一律に見出すのは困難となってくるが、J.S.ミルをして国際価値に関する所説は、その後における貿易論に多くの貢献を含んでいたことも事実である。

〔注〕
(1) John Stuart Mill, *Principles of Political Economy, with Some of their Applications to Social Philosophy*, 1848. (ここでは、W.J.Ashley's edition を用い、原書頁はそれによる)。 p.583. 末永茂喜訳『ミル経済学原理』(3) 岩波書店　262頁。
(2) *Ibid.*, pp.584－585. 同邦訳書　280〜282頁。
(3) *Ibid.*, pp.585－588. 同邦訳書　282〜286頁。

第3節　保護貿易論

(1) F. リストの保護貿易論

　イギリス古典学派の自由放任主義の学説、スミスの自由貿易論に対して保護（貿易）論を主張したのは、ドイツにおいてはフリードリッヒ・リスト (Friedrich List; 1789-1846) である。リストはその主著『政治経済学の国民的体系』(Das nationale System der politischen Oekonomie. 1841) を著した当時のドイツは、1834年の関税同盟の成立によって、ようやく経済的統一への第一歩を踏み出したところで、政治的にはなお多数の諸領邦国家 (35) と自由市 (4) に分裂し統一されていなかった。このような事情のもとにとられるべき対外政策として、先進諸国（イギリス、フランスなど）との競争に打ち勝つために、保護（貿易）主義が強調され、軍需産業としての重工業を保護、育成することがドイツの直面した最大の問題であった。リストはその中で、賢明な政策指導が行われるためには、それぞれの国々がおかれている状態をまず知ることが必要だとの見地から、有名な経済発展段階説を展開することによってドイツが保護政策をとるべき必然性を主張したのである。

　リストの保護政策の本質は、重商主義的なそれとは異なり、国内の幼稚産業を保護育成するための政策に主眼がおかれていた。彼によれば、「国内における工業の創設は、保護政策貿易によってのみ可能である。保護関税は、国内工業にとって育成的な役割を果たすものである。国内工業が世界市場において、諸外国と競争できる能力を備えた後にはじめて保護関税は不必要となる」と主張する。すなわち諸々の国民は経済的関係において、狩猟（原始）時代、牧畜時代、農業時代、農工業時代、農工商業時代のような貿易政策、また異なる理由を明確にし、どのようにしてその最終段階である、いわゆる農工商業時代に移行できるかを論述しようとするにあった。そのため、イギリス正統学派の自由貿易論が、当時イギリスの産業資本主義の発展段階にあたっており、その利益を代表するものであったとするならば、リストによる保護政策論は、あくまでドイツの発展段階に呼応した利害に組されたもので

あった。

　しかしリストは、無制限に自由貿易を否定したわけではなかった。彼によれば、保護政策はいわばひとつの過渡的な措置にすぎなかった。この保護主義下で国内の産業が十分に発育した時には、スミス同様に世界的な自由貿易を考えていた。また、彼は、「諸々の保護政策は単に国内工業力の促進と保護の目的のためだけに是認されうるものであり」とし農産物に対しての自由貿易の制度は、制限を行う国自体に最大の不利益をもたらすことになるため、これは自由貿易を原則とすべきことを主張した。それは当時のドイツが穀物の輸出国であり、その限りにおいては、自由貿易政策はドイツ農産物の販路拡大に貢献するものであったからである。しかしドイツ工業の利害は、まさにこれと反対の作用を及ぼし、先進国イギリスとの競争においては、自由主義的政策を採用する限り、ドイツ工業の発展を阻止するか、少なくとも遅延させるものであったからであった。

　すなわち、リストにおいては「保護関税」は暫定的、過渡的な「手段」であり、「自由貿易」は究極の「目的」であったのである。

（2）ハミルトンの産業保護論

　F.リストが貿易上、暫定的一手段として保護政策論を展開するにあたって、彼が多くの影響を得たのは、1825年渡米した際、当時の代表的なアメリカの保護主義者であるアレキサンダー・ハミルトン（Alexander Hamilton; 1757－1804）であった。ハミルトンは、G.ワシントン大統領（George Washington）の下で初代財務長官として、独立後のアメリカにおいて工業の重要性を説き、かつその促進のためには政府が保護政策を採用しなければならないことを主張した。

　1791年12月5日に議会に提出された『製造工業に関する報告書（"Report on Manufactures"）』によって、製造業の奨励、保護の必要性を説かない反対者に対して国内工業を促進する理由を論じた。すなわち当時のアメリカの重要輸出品は農産物であるが、諸外国における各種の制限政策のために、

その輸出は思わしくない現状にあり、したがって、ますます増加する剰余農産物の捌口がなくなり、このような状態を打開しようとするためには、国内に盛んに製造業を興し、もって剰余農産物に対する一層大なる国内需要を創造することが必要であると論じた。そしてその手段として、(1)保護関税、(2)競争的商品の輸入禁止および禁止関税、(3)原料の輸出禁止、(4)奨励金の交付、(5)プレミアム制度、(6)原料の輸入税免除、(7)戻税、(8)新発明の奨励また外国の発明の導入、(9)製造品の品質検査、(10)送金方法の簡素化、(11)道路・運河など運輸機関の建設改良などを列挙して、その適切な実行を要望した。

　ハミルトンの工業保護論の特徴は、単に国内工業を発展させる上での保護論ではなく、貿易上での障害をなくし対等な状態で外国との取引が可能になるように対外経済政策を主眼とするものであった。また欧州諸国に比して工業化のおくれたアメリカが狭義の工業化だけではなく、広義の工業化（いわゆる農業をも包含した）を志向すべきことを具体的な政策として保護関税制度を導入し施行せしめたことであった。

　第4節　近代的貿易論

　（1）ヘクシャー＝オリーンの定理

　古典派経済学の所説は、労働価値説を仮定して国際貿易のもつ特質をきわめて簡潔な形で描き出したものであり、その意義は現在に至っても失うものではない。またそこには素朴な均衡理論の発芽はあったが、その体系的な究明は、近代経済学に決定的な役割をまたねばならなかった。1933年には、画期的な近代貿易論を代表する数々の著作[1]が公刊された。オリーン（Bertil Gotthard Ohlin; 1899－1979）は、E. ヘクシャー（Eli Filip Heckscher; 1879－1952）の所論である異質な諸要素や諸資源の各国間の供給量の相対的差異の重要性を指摘したのであった。オリーンによれば、古典学派の価値論を基礎としての因果論的に価格形成を論ずるのに対して、経済的諸要因の相互依存関係のうちに価格形成を説いた。

第2章　貿易理論と貿易政策論

　リカードの比較生産費説が商品間の相対費用関係を基礎にして、比較優位を決定したのに対し、各商品の生産に必要とする生産要素間の相対価格関係を基礎にしている。すなわちオリーンは、古典派が、特にリカードが労働だけを生産要素として考えていた所へ資本や土地などを生産要素としてつけ加え、複数要素モデルを用いて生産要素の賦存比率に着目して理論を構成し、比較生産費説に近代的解釈を与えた。比較生産費差の原因はなんであり、またそれは国民経済にどのように影響を与えるかということである。これを一般にヘクシャー＝オリーンの定理（H＝O定理、Heckscher－Ohlin Theorem）、または要素賦存比率理論と呼ばれている。

　貿易の成立条件としてオリーンは次のように考える。すなわち、「貿易の第一条件は、ある物品がある地域で、他地域より安く生産されうるということである。各地域における輸出品は、他地域におけるよりも安い要素を相対的に多量に含有する。ところが、他地域より安く生産されうる物品は輸入される。一言でいえば、高価な諸要素を大きな割合で含有する諸財が輸入され、安価な諸要素を大きな割合で含有する諸財は輸出される[2]」としているが、この点はスミス的な国際分業の展開と同様な見解である。

　すなわち、労働に豊富な国は労働をより多く用いる財の生産に優位をもち、土地が比較的豊富な国は土地をより多く用いる財の生産に優位をもっているということである。そしてヘクシャー＝オリーンの定理から必然的に引き出される命題として、次の二つのものが存在する。これらのひとつは貿易の発生原因に、あるいは貿易パターンの決定要因に関する命題で、生産要素の賦存量比率の相違から商品間の要素集約度の差に比較優位が生じるというもの、すなわち「要素（賦存）比較理論」（theopy of factor proportions）と、もうひとつは、貿易の効果に関する命題で生産要素価格が国際的に均等化するというもの、すなわち、「要素価格均等化定理」（factor-price equalization theorem）である。そしてこれらの結論は、次の仮定を前提にすることによって定式化されたものである。

　これらの仮定は、もちろん基本的には同一の仮定の組み合せでその命題が

導き出されるのであり、切離して論じることはできないが、便宜上区別してみると次のようになろう。

「要素賦存比率理論」の仮定
- (1) 生産要素の国内の自由移動と国際間の不移動性（各国内の要素市場は完全競争下にあり、国内産業の要素価格差はない）
- (2) 両国での二要素は、供給が一定である。
- (3) 異なる商品間では、それぞれ生産のための生産要素の集約度(factor-intensity)、すなわち必要量の割合は異なる。
- (4) 両国において生産技術条件が等しく、そのための需要条件も同一。
- (5) 財に対する生産要素の集約度の逆転は起こらない。一方の一商品は、資本集約的であり、他方は労働集約的商品でなければならない。また、

「要素価格均等化定理」の仮定
- (1) 二国、二財、二要素（資本と労働）。
- (2) 各生産要素は両国では同質である。
- (3) 生産規模に対する収穫不変。
- (4) 財と要素市場は完全競争（独占は存在しない）、また完全雇用状態である。
- (5) 財に対する生産要素の集約度は逆転することはない。
- (6) 貿易上、関税や輸出費などの貿易障害も存在しない。
- (7) 両国とも完全特化ではない。

これらの諸仮定により「要素（賦存）比率理論」では、相対的に豊富に存在する生産要素の価格は、稀少な要素と比較して安価になり、そのため、ある商品についていえば、その生産要素を集約する場合、相対的にその要素が豊富に存在する国では、その商品の生産費は、そうでない国と比べて低廉になる。すなわち、二国間の貿易発生要因となる比較生産費格差は、各国間の生産要素賦存率の格差および各商品間の生産要素集約度の格差として考えられていることである。

そのため、①労働の相対的に豊富な国→賃銀割安（利子割高）→労働集約

第 2 章　貿易理論と貿易政策論

	米国からの輸出商品	米国への輸入競争商品
資本（1947年価格、ドル）	$ 2,550,780	$ 3,091,339
労働（年、人）	181,313	170,004
資本集約度（資本／労働）	14,068,38	18,184,35

的商品特化。②資本の相対的に豊富な国→利子割安（労働割高）→資本集約的商品特化。③土地の相対的に豊富な国→地代割安→土地集約的商品特化というようにシェーマ化できる。例えば、日本が相対的に資本豊富国であって、土地、労働が稀少国であり、韓国では相対的に労働豊富国で、資本および土地が稀少国であり、またオーストラリアでは相対的に土地豊富国で、資本、労働稀少国であるとすれば、その結果日本は利子が安く、資本集約的商品（capital-intensive goods）、すなわち機械類、ハイテク商品などに、韓国は賃金が安価で労働集約的商品（labour-intensive goods）である繊維品に、またオーストラリアは土地集約的商品（land-intensive goods）、すなわち羊毛、小麦などにそれぞれ特化することが有利である。

しかしこの要素賦存比率理論は、1953年にW.W.レオンティエフ（Wassily W.Leotief; 1905－）が、1947年（51年にも試みた）の米国に関して「産業連関表（input-output table）」を用いて実証分析[3]を行った。それは100万ドル当たりに必要とされる資本と労働の量、そして輸入100万ドル分を国内で生産すると、どれだけの資本と労働量が必要となるかというものであったが、上のような結果を得た。

これによると、資本労働比率が輸入競争商品のほうが、輸出商品よりも高いということになり、米国は貿易では資本集約的商品を輸出していることが明白となった。すなわち、一般的に当時の米国は、資本豊富国であると考えられていたので、H＝O定理に従えば、常識的には資本集約的産業に比較優位を有しているはずであった。しかし検証の結果はそれと反対の結論が下った。そのため、このレオンティエフの所説を「レオンティエフの逆説（Leontief

Paradox)」と呼んでいる。

　この場合、統計的分析が十分なほどにはデータが整理されていなかったことと同時に、また結果の解釈について多くの議論がなされた。また通産省の調査により、昭和30年の産業連関表を用いて分析した結果、わが国の貿易では、当時先進地域に対しては労働集約的商品を輸出し、発展途上地域に対しては資本集約的商品を輸出するという貿易の二重構造がみられた。

　要素価格均等化定理は、要素賦存比率理論の当然の論理的帰結として主張されるものである。サムエルソンによれば、すなわち「要素賦存比率理論に従って貿易を行うと、貿易以前に相対的に豊富であった要素価格が上昇し、相対的に稀少であった要素価格が下落し、両国の要素価格は比率でも絶対額でも等しくなる[4]」というものである。

　例えば、前述のようにH＝Oモデルをもとに、労働豊富国と資本豊富国の場合を考えてみると、①労働豊富国→労働賃銀安（利子割高）→労働集約的産業特化→労働需要増大→労働賃銀上昇→資本豊富国と賃銀同等。②資本豊富国→利子割高（労働割高）→資本集約的産業特化→資本需要増大→利子率上昇→労働豊富国と利子率同等となる。こうした国際分業の結果、相手国に比例して相対的に安かった生産要素価格は高くなり、高かった生産要素価格は国際的に均等化するということになる。

　しかし、H＝O定理では前述の一連の仮定によっており、現実的にはこの命題の妥当する範囲は限定され、各国間で無条件で適用するものではない。この定理自体の意義は、古典学派の比較生産費説にはなかった比較生産費の決定要因を明らかにし、国際分業および貿易がどのように生産要素価格に影響を与えるのかを究明したことにあろう。

〔注〕
（1）Bertil Ohlin, *Interregional and International trade, 1933,* (*revised rdition* 1957) 木村保重訳『B. ウリーン貿易理論 －域際および国際貿易－』ダイヤモンド社　昭和45年　改訳として1980年　晃洋書房　Gottfried von Harberler, *Der InternationaleHandel,* 1933. 松井清、岡倉伯士訳『ハーバ

ラー国際貿易論』上、下巻　有斐閣　昭和12年。
　　R.F.Harrod, *International Economic*, 1933, (revised and reset, 1957) 藤井茂訳『ハロッド国際経済学』実業之日本社　昭和18年、改定版訳　昭和33年
（2）B.Ohlin, *Ibid.*, p.19. 邦訳28〜29頁。
（3）W.Leontief, "Domestic Production and Foreign Trade; the American Capital Position Re-examind", *Proceedings of the American Philosophical Society*, 97. Sept., 1953. また "Factor Proportions and the Structure of American Trade; Further Theoretical Analysis", *Review of Economics and Statistics* XXXVIII, Nov., 1956.
（4）P.Samuelson, "Internationnal Trade and the Equalization of Factor Prices" *Economic Journal* June, 1948. "International Factor Price Equalization Once Again," *Economic Journal*, June, 1949.

（2）ハーバラーの貿易論
　ハーバラー（Gottfried von Haberler）の貿易論の核心は、古典学派の原理ならびに国際価値論を容認し、古典派の立場から出発して近代経済理論を貿易に適用して理論的近代化を計ろうとするものであった。ハーバラーの比較生産費説に対する批判は、その根底におかれている労働価値説に向けられた。労働価値説は普遍的生産手段、すなわち労働の存在を仮定してはじめて妥当しうるものである。しかしながら、現実にはいかなる国もそれぞれ異質の労働を有し、またさらに異質の生産手段である土地あるいは資本財を有している。そのため、これらの各種の生産手段を公分母化することは技術的に不可能である。それはこれら種々の異なる生産手段が特殊的であり、唯一の特定目的にのみ使用されうるものであるからであるとする。
　このようにハーバラーは労働価値説は排除するけれども、比較生産費説は否定せず、国際価値論における労働価値説の機能は、両国のおのおのにおける相対的価格を決定するにある、となしている。
　したがってハーバラーは、古典学派の比較生産原理の基礎としての労働価値説に代替するものとして、オーストラリア学派の代置費用説（substitutions kosten）、いわゆる機会費用説（opportunity cost theory）を導入し

て、労働費用が供給に対する影響を通じて、価格を決定するというリカードの命題に従って、一定の使用可能な全労働が生産しうる二つの商品（A・B）量の種々の可能な結合関係を明示する図表を作成した。この図表は、一定の全労量の下で一方の商品の生産を増加することによって、他方の商品の生産が減少せざるをえない場合における増加と減少の量的関連を明示するもので、すなわちA商品の価値は、A商品を一単位多く購入せんがために断念しなければならないB商品の費用によって決定される。この増減の量的比率が両商品の相対価格であり、言いかえれば、両商品の代置費用、すなわち限界代替率（marginal rate of substitution）である。このように両商品の相互に代置される量的比率を表わす図表は、不変費用（constant cost）の場合は直線となり、また逓増（労働）費用または逓減費用の場合は曲線となり、一般的にこれを代置曲線（substitution-curve）と称している。

第2-1図は不変費用を仮定した場合を示す。A商品の各単位量は一単位の労働を、B商品の各単位量は二単位の労働の支出を必要とする。いまX軸にA商品の量を、Y軸にB商品の量をとれば、両軸の平面内の各点がA商品とB商品との（量的）組み合せを表わすことになる。そして所与の労働量がすべてA商品に用いられるならばO_a量が生産され、B商品に用いられるならばO_b量が生産される。一単位当たりの所要労働量比率を一対二とすれば、A商品の二単位の生産を断念するごとにその代わりB商品の一単位が生産さ

第2-1図

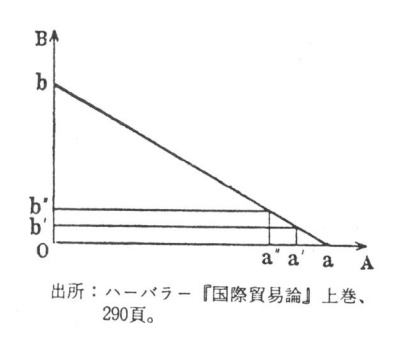

出所：ハーバラー『国際貿易論』上巻、290頁。

れうる。したがってAのO_a量を生産しかつBを全く生産しない代わりに、AのO_a'量とBのO_b'量、またはAのO_a''量とBのO_b''量等、あるいはAを全く生産せずかつBのO_b量を生産することができる。費用が不変であるから限界代替率は一定である（$\frac{Ob'}{aa'} = \frac{b'b''}{a'a''} = 不変$）。それ故、直線a-bは与えられた労働

-50-

量をもって生産されるAとBの全ての組み合せを示している。交換比率はAとBとが代置せられる（不変の）比率に等しい。

第2－2は逓増生産費を仮定した場合を示している。AのO_a量とBを全く生産しないことも可能である。またもしAの零量とBのO_b量両極端において、BのO_b'の生産を切望

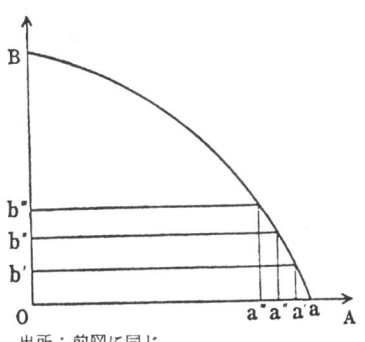

第2－2図

出所：前図に同じ

するときはAのaa′量が断念され、さらにBの追加量b′b″を加えようとすれば、Aのより大なる量。すなわちa′a″＞aa′なるa′a″の断念によってBのb′b″が生産される。すなわちAの代わりにBがより多く生産されるに従って、Bの生産費はますます大となり、Aの生産費はますます小となり、Bのより大なる追加単位を生産するためには、Aのより多くが断念されなければならない。それ故、代置曲線abは原点0に対して凹面である。逆に逓減生産量の場合には代置曲線abは原点0に対して凹面的である。

このようにして、二商品の代替条件を導き出し、これを代置直線の形態によって表現することができる。生産費が逓増しあるいは逓減する場合には、交換比率の決定は、需要の変動を考慮しなければならない。不変生産費の場合には、交換比率は専ら生産費によって決定され、需要は単に両部門への生産要素の分配、したがってAおよびBの相対的生産量に影響を及ぼすに過ぎず、その決定要因として需要の側面を無視することができた。しかし可変生産費の場合においては、需要は交換比率にも影響を及ぼすことになる。なぜなら需要がAあるいはBに向かう時は、費用（代替関係）が移動させられるからである。

こうして交換比率は需要された組み合せの点における代替費用（費用比率）に等しいということができる。換言すれば、市場における交換比率は限界費用の比率に等しいこととなる。もしそうでなければ、より以上の生産の推移

に対する刺激が生ずるであろう。そのため、もはや労働価値説を全く使用する必要はない。結局多くの生産要素が存在する場合にも二商品の相対価格は（需要が所与とすれば）、一方の商品の一定量の生産のために放棄せられる他方の商品の量によって 測定された費用（＝喪失効用）により決定されることは真実である。

いまや、Ａの所与量の（限界）費用は、Ａの最終単位を生産するために断念しなければならないＢの量であり、そしてＡとＢとのに商品間の市場における交換比率は、この意味における費用に等しくなければならない[1]。

〔注〕
(1) G.Haberler, *a. a. O. S.* 132－3.　邦訳　290～292頁。

(3) ハロッドの貿易論

ハロッド（Roy Forbes Harrod; 1900－1978）は1933年に『国際経済学（"International Economics"）』を著し、ケインズによって確立された乗数理論を外国貿易の領域に拡張して貿易乗数（foreign trade multiplier）の概念を展開し、その定式化を試み外国貿易における所得分析の基礎を築いた。ハロッドは、ケインズのいわゆる『一般理論』公刊に先立ち、ケインズの雇用理論に立脚し貿易理論との関係を体系的に論じようとした。そのため、貿易の質の点において古典学派の理論体系を用いたが、古典学派の貿易理論で顧みられなかった貿易の量の問題をとり上げ、古典学派の理論体系を根本的に改革してこれを近代化しようとした。

すなわち、古典学派理論において、もし一国の生産要素が常に完全雇用の状態であるならば、貿易の質の問題、例えば国内の生産資源の最適配分の論議を専ら問題にするだけでいいのだが、もしそれが不完全雇用の状態にあるならば、論議は別問題となり、その場合にこそ貿易量の問題が重大となるとして、ハロッドは貿易量という量的問題を理論に導入する。何となれば貿易量の問題は、国内の雇用量に密接な関係をもち、すなわちそれは輸出所得の

第2章 貿易理論と貿易政策論

問題であり、雇用量の問題でもある。ハロッドはこの貿易量の変化と国内雇用水準との関係の解明、すなわち輸出所得と国内総所得との一般的関係を説明しようとして定式化したものが外国貿易乗数の理論である。

この点をハロッドのメカニズムによれば[1]、例えばいま一国の総所得（Y）は、その発生源泉から国内市場に販売される消費財からの所得（H）、輸出から得られる所得（E）、資本追加から得られる所得（K）に分類され、またその支出目的から国産消費財に支出される所得の割合（消費性向）を（h）、輸入品に支出される割合（輸入性向）を（i）、貯蓄される所得の割合（貯蓄性向）を（s）、とすれば、総所得Yは、

$$Y = H + E + K = (h + i + s)Y$$

国産商品の消費にあてられる所得額は、その生産から得られる所得額に等しいから、

$$hY = H$$

よって、　　　$(i + s)Y = E + K$

または、　　　$Y = \dfrac{1}{i+s}(E + K)$

しかるにこれらの諸性向がある安定した値をとるとすれば、　$h + i + s \equiv 1$
よって、　$i + s = 1 - h$　であるから、これを書きかえて示せば、

$$Y = \dfrac{1}{1-h}(E + K) \quad となる。これが貿易乗数式であり、$$

$\dfrac{1}{i+s}\left(= \dfrac{1}{1-h}\right)$ が貿易乗数である。

i+s は 1 より小さいから、その逆数である乗数は 1 より大きくなる。したがって、EまたはKの変動によってYの変動は、

$$\triangle Y = \dfrac{1}{i+s}(\triangle E) \quad および \triangle Y = \dfrac{1}{i+s}(\triangle K) \quad となる。$$

こうして、純投資の増加（ΔK）と輸出の増加（ΔE）と所得増加（ΔY）との関係を表わす貿易乗数が得られる。その変動、すなわち追加的な輸出と

—53—

追加的な投資は、以上の仮定のもとで直接所得を増加させるだけでなく、それに $\dfrac{1}{i+s}$ 倍の追加の乗数効果により、さらに支出、再支出の連鎖反応を起こすことになる。

　例えば限界消費性向（h）を0.75, 限界貯蓄性向（s）を0.10, 限界輸入性向（i）を0.15とし、また政府の公共投資が10を支出したとすれば、第1回の所得増加は10, 第2回の所得増加は10×0.75, 第3回は10×0.75×0.75, ……となる。そして所得増加の総計は、$10 \times \dfrac{1}{1-0.75} = 40$ となる。またハロッドのこの貿易乗数理論はその後多くの学者（J.E.ミード、F.マッハループ、G.M.マイヤーなど[2]）によって体系化、精密化され工夫されていった。ハロッドの用いた貿易乗数は決して十分なものではなかったが、国際貿易の分析に所得理論を導入して、輸出所得と総所得とを関連させ、開放体系における所得分析に画期的な地位を開いた功績は評価に値するものである。

〔注〕
（1）R.F.Harrod, *op. cit.*, pp.126−130.　邦訳　163〜168頁。
（2）J.E.Meade, *The Balance of Payments; The Theory of International Economic Policy* vol.1, Oxford Univ., Press. 1951.
　　F.Machup, *International Trade and the National Income Multiplier*. Blakiston. 1950.
　　Gerald M.Meier, *The International Economics of Development, theory and Policy*. Harper and Row. 1968, pp.66−94.
麻田四郎、山宮不二人訳『発展の国際経済学』ダイヤモンド社　昭和48年69〜100頁。

〈参考文献〉
○小林通、吉田克巳『英国貿易財政論』高文堂出版社　昭和61年
○ジョーン・ロビンソン（小林通訳）『国際貿易理論の省察』駿河台出版社　昭和52年
○舞出長五郎『経済学史概要』上巻　岩波書店　昭和16年
○Eli F.Heckscher, Mercantilism.（anthorised translation by M.Shapiro）vol.I,II. 1935.

第2章 貿易理論と貿易政策論

○相見四郎『イギリス重商主義経済理論序説』ミネルヴァ書房　昭和46年
○小林昇『小林昇経済学史著作集』1～9巻　未来社
○シュムペーター（東畑精一訳）『経済分析の歴史』2，岩波書店　1980年
○スピーゲル編（越村信三郎他監訳）『経済思想発展史』Ⅰ～Ⅴ　東洋経済新報社　昭和29年
○ロッシャー（杉本栄一訳）『英国経済史論』同文舘　昭和22年
○シュモラー（正木一夫訳）『重商主義とその歴史的意義』伊藤書店　昭和19年
○ピエール・デーヨン（神戸大西洋経済史研究室訳）『重商主義とは何か』晃洋書房　1981年
○W.Cunningham, The Growth of English Industry and Commerce in Modern Times, A.M.kelley, 1986.
○大淵利男『イギリス財政思想史研究序説』評論社　昭和44年
○アダム・スミス（大内兵衛他訳）『諸国民の富』1～5，岩波書店　1960年
○リカード（竹内謙二訳）『経済学及び課税の原理』東京大学出版社　1973年
○J.S.ミル（末永茂喜訳）『経済学原理』1～5，岩波書店　昭和50年
○リスト（小林昇訳）『経済学の国民的体系』岩波書店　昭和45年
○B.ウリーン（木村保重訳）『改訳貿易理論』晃洋書房　1980年
○谷口重吉『オーリン貿易理論』三省堂　昭和12年
○W.レオンチェフ（新飯田　宏訳）『産業連関分析』岩波書店　1969年
○G.ハーバラー（松井　清他訳）『国際貿易論』上，下巻　有斐閣　昭和12年
○ハロッド（藤井　茂訳）『国際経済学』（改訂版）実業之日本社　昭和48年
○西村光夫『国際経済理論ABC』野田経済社　昭和41年
○建元正弘『貿易の計量的分析』有斐閣　昭和38年
○柴田　裕『多数貿易国の理論』有斐閣　昭和34年
○小林　清『自由貿易理論の研究』黎明書房　昭和23年
○松井　清『貿易理論の研究』有斐閣　昭和13年
○藤井　茂『貿易政策』千倉書房　昭和38年

第3章　貿易政策の諸問題

第1節　貿易政策の意義と変遷

(1) 貿易政策の意義

　一般的にいって経済政策の目標が、一国の経済の長期的安定およびその発展を追求する方策であるとするならば、貿易政策も結局的にはその一分野としての役割をはたすことに意義があるであろう。例えば、短期的および長期的な目標として物価安定、完全雇用、経済の成長、発展、生産要素配分の改善、国民所得と富の増大、社会的間接資本の拡充、国際収支の改善などが経済政策の目的として掲げられるとすれば、当然のように貿易政策は、一国内の政治、経済的側面とのかかわりを保ちながら、対外的には世界経済の動向を適格に判断し、その健全な貿易の発展を推進するため、対外関係を考慮しながらその時々に応じた抑制政策や振興政策を講じて、その国々に適した貿易政策を確立してゆくことが必要となる。そして、一国の国民経済活動にとって有効となるような分野を提供することであるといわれるであろう。

　貿易政策が貿易をただ狭義な側面としての貿易だけの発展を目的とすべきではなく、全体としての一国の国民経済を発展させるのを目的とすべきであることは、前述しているように国民経済上における貿易の重要性の認識からの当然の帰結であり、その意味で貿易政策の単なる一部門であるという認識は妥当であろう。しかし、一国の貿易が、その国の国民経済全体の対外的な表現として国民経済のすべてが総合、統一されて外部とつながっているのである。そして、そこにおいて貿易政策の意義が存在するのであって、その点、国内の商業政策と比べてその重要性ははるかに優っている。特にわが国のように土地が狭い上、資源の賦存率が低く、その原材料を海外に依存しているような国では、貿易の意義は、一国の国民経済にとって増々大きくなるだろう。

第3章　貿易政策の諸問題

（2）貿易の変遷
1　古代、中世の貿易と地理上の発見

　貿易政策は、その本質的な立場は変化しないとしても、その時代時代によりその目的も手段もかなり異なってきている。古代あるいは中世においては、その奴隷制度や封建社会それ自体が示すように、貿易がその社会構造の要求を満たすためでの奴隷の運搬であったり、13〜15世紀の農業が支配的であった封建領主と農奴との関係を中心とした社会関係では、まだ十分な貿易の発展とまではいえない状態であり、一定地域、一定規模の貿易であった。その後、地理上の発見によってA.スミスのいうように、「アメリカの発見と喜望峰迂回の東インド航路の発見とは、人類史上最大かつ最重要な二大事件であった。発見の結果としてヨーロッパの商業都市は、世界の極く小さな部分のみの間の製造業者や仲介商人たることをやめ、今やアメリカのおびただしくかつゆたかな開拓者たちのための製造業者となり、アジア、アフリカ、アメリカ諸国民のほとんど全ての間の仲介商人、ある点では製造業者となるに至った。ヨーロッパの産業に対して二つの新しい世界がひらかれたが、その一つひとつがどれも旧世界よりはるかに大きく、かつひろいものであった」（『国富論』第4編第7章第3節）と述べているが、地中海、北海、バルト海に限られていたヨーロッパ人の貿易は、いまや大西洋を主要路とすることとなり、喜望峰迂回航路はアラビア商人を排除して直接東インド貿易を手に入れた。

　貿易は、一地域から世界へと発展し、世界市場が形成されていった。この貿易の発展に伴い商業資本の急速な発達は、封建制度から資本主義へと時代を進める重要な要因となった。

2　重商主義の貿易政策

　重商主義的経済政策は、第2章で述べたように国家権力の行使によって実行された富（金・銀）を獲得するための貿易政策であったといってよい。貨幣、いわゆる貴金属（金・銀）を多量に所有することが国富の増大との考えから、国内商業に比べ外国貿易を過当に偏重し、目的を達成しようという政

策であった。そういう意味では、すなわち一国の対外取引の発展を主眼として行われた最初の貿易政策であったと思われる。中世では、封建領主によって経済活動が運営されていたし、後のレッセ・フェールの時代では、政府は自由放任的政策を建前としていたが、その中間にあった重商主義時代には、政府は利潤を追求する私企業の活動を望ましい方向に導きコントロールしてゆく必要のため、広範囲にわたって私企業を規制し、それに参加していった。

この時代の貿易政策は、一方では輸出を奨励し、他方では輸入を抑制し、その貿易上の差額をより受超にすべく国家的な政策を駆使し（特許貿易会社の保護、海外における製造市場と原料供給地の確保、漁業や造船の奨励など）、輸出を奨励する手段であった。

3　産業革命から国際市場経済の後退

こうした市場経済の拡大、発展が重要な一因となって、18世紀後半からイギリスにおいて産業革命が発生し、またその結果市場経済を刺激し高次元の発展をみるに至った。イギリスは「世界の工場」となり世界的市場経済の時代を先導することになっていった。しかし産業革命に立ち遅れた諸国は、国内の工業発展の基礎を築く上で保護政策的貿易をとらなければならなかった。しかしこの保護政策は、根本的には自由貿易を否定するものではなく、一定期間の幼稚産業や比較優位にある産業の保護育成を目的としていた。

自由貿易の原理と政策は、その後幾多の試練を受け、特に20世紀に入り、二度目の世界大戦と世界恐慌によって大きく変容していった。1929年秋からはじまった世界恐慌によって、各国は自国の経済的ナショナリズムを主張し、政府の経済介入が増大し、保護政策的貿易がとられ、金本位制が停止され、同時に為替の競争的切り下げがもたらされ、他国を犠牲として不況から脱出を図ろうとする近隣窮乏化政策（beggar-my-neighbor）がとられ、また各国が競争的な関税政策によって世界全体の貿易量が急速に縮小していった。その結果アウタルキー（自給自足的封鎖経済）を指向したブロック経済が形成され、世界貿易は大きく後退していった。

第二次世界大戦は、その原因となった有効な国際機関の欠如を考慮し、

GATT（関税と貿易に関する一般協定）とIMF（国際通貨基金）が設立され、世界貿易の伸びが急速に促進されていった。しかし、貿易の自由化の進展によって国際競争が激化し、その結果産業構造の変化、および国際分業の再編成がますます求められていった。

第2節　関税政策

（1）関税の種類

貿易政策は、広義の意味では、それぞれ個々の国際的経済単位間の国際取引のみの関係を律する一切の諸方策を指しているが、狭義的には貿易上の方策や手段を意味することになる。関税政策はそういう意味では狭義の貿易政策になる。

関税（customs duty, tariff）とは、外国から国内に輸入される物品が一国の経済的境界とは通常関税線（customs line）のことで、必ずしも政治的国境線だけを意味しないが、通常、関税といえば国境関税を指すことになっている。一般に関税の場合、租税と異なる第一次的目的は、国内産業の保護政策であり、輸入品に対等な条件を国産品に与え競争を可能にする機能をもっている。

関税は、その目的、機能、政策上など種々の基準によって次のように分類することが可能である。

1　輸入税、輸出税、通過税

輸入税（import duties）とは、外国商品が自己の関税区域内に輸入される場合に賦課される関税であるといえる。今日では、関税といえば、通常この輸入税を意味している。輸入税は輸入商品の価格を課税額だけ引き上げるので、輸入商品と生産上競争的立場にある国内産業を保護育成するという関税の保護機能を有しており、現代の関税制で一番重要な役割を演じている。

輸出税（export dutis）は、国内商品が自国の関税区域外に輸出される場合に賦課される関税である。輸出税の貿易政策上の意義は、自国産の原料の

安易な輸出を抑制して自国加工産業の保護育成を図ることにあるが、自由な輸出を阻害する場合もありほとんどなくなった。今日では、発展途上諸国において採用されていたが、例えば1970年の前半ガーナは、ココアへの税を固定し管理することが容易なため、この源泉から政府収入の20パーセントを引き出し、またスリランカは、12パーセントであった。

これらを採用している発展途上国では、長期間においてGNPに対する輸出比率の減少と輸出品の構成の変化－第一次産品から工業製品への変化－は、収入源として輸出税への依存を減少するだろうことを予期せねばならない。

通課税（transit duties）は、通行税ともいわれ他国の商品が自国を通過して他の仕向国に出て行く場合に賦課される関税である。国家の収入源として道路や港湾の使用料を目的としていた古代国家ではみることができた本税も、交通機関が整備され、発達し、交通網が大いに拡張されてくるにつれて、「通過自由の原則」が確立された19世紀後半以降は廃止されている。またGATT第5条第3項では通過税の免除を要求している。

2 財政関税と保護関税

財政の収入を第一次的な目的とする関税を財政関税（financial duties）あるいは収入関税（revenue duties）といい、国内産業の保護、育成を第一次的な目的として実施される関税が保護関税（protective duties）である。関税は他の租税同様、国庫収入を増加させることを目的として賦課した財政関税にはじまったが、今日でも発展途上国においては関税が財政収入の主要財源になっている。これは、途上国では租税制度が未発達なため、十分な課税収入を得ることが、特に所得税の課税が困難であると同時に、行政上の便利さもあるためである。

しかし一般的には各国ともみな自国市場を自国産業に確保するために関税を利用している。しかし、この区別は概念的なものであり両方それぞれ表裏一体となっている。

3 国定関税、協定関税、便益関税

これは、ある貨物に対して適用される関税率がどのような法律や条約によっ

て定められているかによる分類である。課税決定の根拠法規によって国定関税と協定関税、また協定関税に類似した便益関税と区別できる。国定関税(national tariff)とは、ある国が自国の国内法によって原則として任意に関税品目および税率を決定して改変できるものをいう。現在わが国の国定税率は、「関税定率法」(明治43年法律第54号)と「関税暫定措置法」(昭和34年法律第36号)の二つの法律によって定められている。前者によって定められている税率を基本税率とい、後者によって定められている税率を暫定税率という。

協定関税(conventional tariff)とは、ある国が他国との通商条約または関税協定てによって定められた関税で、税目、税率は条約によって義務付けられているので、諸外国との新協定によらない限り変更できないものである。現在、協定関税(税率)は、ガット規定に基づくものが多くなってきている。日本では、すべてガット税率である。

わが国では、国定税率と協定税率を併用している国定協定併用制度である。協定税率は、(1)日本とガット関係に入っている国、(2)二国間条約により最恵国待遇を約束している国に適用されるる。またわが国では、条約上の義務がない場合でも、政府の判断によってそれ以外の国の産品でも、特定国の特定産品に対して、協定税率までの範囲内で有利な税率の適用を与えることが認められており、この制度に基づいて課せられる関税を「便益関税」という。

4 従価税、従量税、混合関税

輸入に対して課税する場合、税率がどのように定められているかという点によって分類される。

従価税(ad valorem duty)とは、関税を計算する際に輸入品の価格を評価基準として税額を決定するものをいう。日本では輸入取引がなされた場合の輸入貨物の発送価格に、当該貨物が、輸入港に到着するまでに要する運賃と保険料を加えたものを課税価格とする(関税定率法第4条)。いわゆるCIF(運賃・保険料込み)価格、到着地価格方式を採用している。従価税は、基準とする物品の適性価格を把握するのが困難であるとともに、輸入品の価

格が低くなれば税額が小さくなるという点からすれば、十分な国内産業保護ははたせないという短所を有するが、関税の負担が価格に比例して均等に課せられるため公平であり、かつ物価変動に即応できる長所を有している。

　従量税（specific duty）は、関税の算定に際し輸入品の数量（例えば、重量、容積、面積、個数等）を基準として課税するものである。具体的には税率は1kg、1個につき何円というように課税される。従量税は課税にあたって価格を決定する必要がなく、一度定められると行政上便利で、また計算上税額算出が簡単となる。また関税額の軽減を目的として低価の輸入申告を行って不当に関税を免れることを防止できる長所がある。しかし他方、関税額が物価変動に即応できないので、物価騰貴の場合にはほとんど無意味となり、また物価低落の場合には、かなり過重となるなどの短所がある。一般的には品質上高級か低級かの差の大きい商品、種類の多い商品などには従価税が、また品質にあまり差のない商品、価格に低落が起こりやすい商品には従量税が適用される。

　混合関税は、従価税と従量税を適当に組み合せた関税であり、選択関税（alternation duty）と複合関税（compound duty）を総称したものである。選択関税は、同一品目について従価税と従量税の両方を定めておき、そのうちどちらか関税額の高い方、または低い方に関税を課するものであり、これは高価品と市場騰貴の際は従価税を、廉価品と市価下落の際には従量税を適用するもので、低価格の外国品の流入から保護する保護関税として最も有効な制度である。現在、毛織物、魚油など約24品目に適用されている。複合関税（併用関税）は、従価税と従量税を同一物品に同時に併課するものであり、国内産業を特に強く保護する必要がある、かなり例外的な場合に利用される。その他、季節関税、簡易税率、関税割当制度がある。

5　差別関税（特恵関税と報復関税、相殺関税、ダンピング防止関税）

　差別関税（differential duties）とは、目的に応じて一般関税制度の税率よりも定率の関税（割引関税）、あるいは高率の関税（割増関税）を課する特殊目的の関税である。前者を代表するものとして特恵関税、後者は報復関

税、相殺関税、ダンピング防止（反ダンピング）関税等がある。

特恵関税（preferential duties）は、特定の関係を有する国からの特定の輸入品に対して、特に低い税率を適用するものである。これには双務的、ブロック的特恵関税、通常「既存特恵」と、新国際経済秩序の一環として1971年7月からＥＣが実施した一般特恵関税とがある。既存特恵は、第一次世界大戦後各国の経済的ブロック化に伴って発展したものである。特に英連邦特恵関税、フランス連合特恵関税等は有名である。

しかし、特恵関税は経済のブロック化を招き、自由な貿易の発展を妨げ、ガットの二大原則である「無差別（Non-discrimination）」と「最恵国待遇（Most Favored Nation Tretment; MFN）」の原則（ガット第1条）に反するため廃止されねばならない。ガット（第2条第2項〜4項）では、既存の特恵関税以外、新たに特恵を設けることを認めないとともに、既存特恵に対しても適用地域の拡大、対象品目の拡大、特恵マージンの引き上げが禁止された。

現在我が国では、関税暫定措置法により昭和46年から実施されており、平成3年度改正により平成13年まで延長されている。特恵関税制度（Generalized System of Preferences; GSP）は、最恵国税率よりも低税率（特恵税率）を適用し、発展途上国の経済発展を促進しようとするもので、わが国では、農水産品（HS01〜24類）と鉱工業産品（HS25〜97類）に特恵対象品目を区分し、特恵関税の供与が定められている。

報復関税（retaliatory dudies）とは、貿易上相手国が自国商品に対して不当な関税率を適用した場合、また国内の産業に対して、貿易上不利益な措置をとった場合などに、これに対する報復手段として、相手国の商品に差別関税として高い関税率を適用して相手国の不法を改めさせ、自国の利益を守ることを目的としている。しかし、この種の関税は、戦闘関税とも呼ばれ、さらに相手国を刺激して関税戦争を招きやすい。

相殺関税（compensation dudies）とは、原産国または輸出国において、政府の補助金や直接また間接的奨励金を受けて、輸入商品の競争力を減殺さ

せ、国内産業を保護するために、いわゆる補助金や奨励金の効果を相殺するために課せられる関税である。この関税の適用は、関税定率法第8条、および、ガット第6条3でも認められている。

ダンピング防止関税（anti-dumping duties）とは、他国の輸出商品のダンピング（不当廉売）により、自国市場に損害を与えられたり、同種の産業が脅かされることを防止するため、政令により不当廉売者またはその代理者に対し、特別の付加関税を追徴する制度である。わが国では、関税定率法第9条で課税要件を定めており、またガットにおいても「ガット第6条の実施に関する協定」（アンチ・ダンピングコード）を定めて、その解釈、運用の統一を図り実施されている。

（2）関税政策

関税政策（customs policy）とは、関税率を適当に調節することにより、次のような多くの目的を達成しようとするものである。

㈹国内の幼稚産業の保護育成－将来的に一国の重要な基幹産業として成長させたいが、現在は国際競争力が弱く、輸入品に対抗できず関税政策により保護育成を必要とする場合などである。

㈺既存産業や衰退産業の保護－年々国際競争力が低下してきた産業（例えば、繊維産業等）が、輸入の増加によって当該産業の倒産などの結果、大量失業が発生したりして経済生活が混乱しないように、漸次的に産業規模を縮小したり、労働者を他の産業に再就職させたり、資本移動等によって産業調整を行うのに必要な期間は、輸入品から国産品を保護する必要があると考えた場合である。

㈻国内物価の安定－例えば、関税定率法第12条「生活関連物資の減税又は免税」の弾力関税制度や関税率の引き下げによって、製造用原料品の減税や免税という生産者保護だけでなく、消費者保護として国民生活に密着した物価騰貴を防ぐ場合である。

㈢雇用の確保や国家安全保障－地域経済の雇用の確保や増進の必要上、地

第3章 貿易政策の諸問題

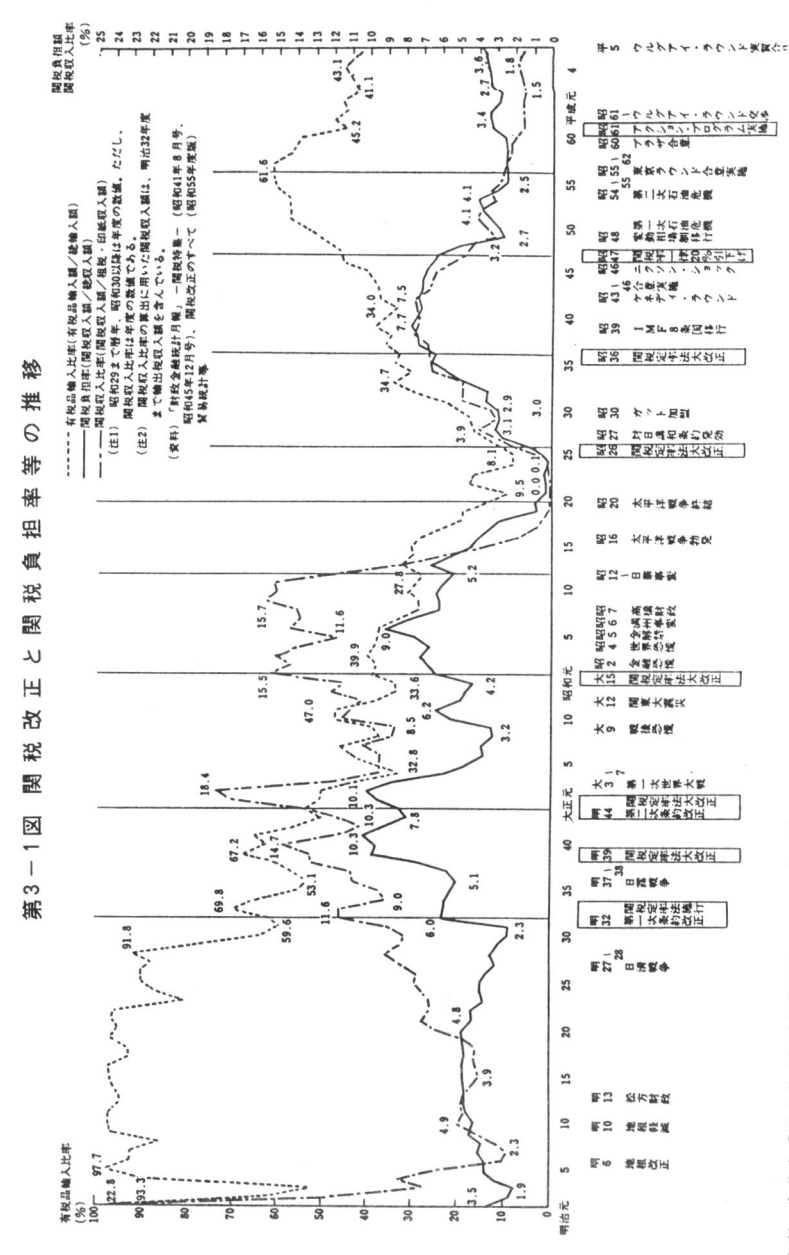

第3-1図 関税改正と関税負担率等の推移

出所:大蔵省『財政金融統計月報』No.510 1994年10月 p.64.

場産業の存在を継続させたり、農業などのように国家の安全保障上、国内生産の必要な産業の存続を目的とする場合などである。

関税政策は貿易政策手段の主要な一環をなすものであり、いわゆる自由貿易の下では関税政策は貿易政策と同義語ですらあった。第一次大戦後および1929年から現れた世界恐慌以後、世界では金本位制の崩壊、貿易に対する保護政策の強化、また失業対策、国内市場確保のため関税の引き上げを図り、関税戦争が激化していった。しかし戦後になり国内産業保護育成の点から、またガット加盟の上で関税体系を整備する上から大改正がなされ、また貿易為替の自由化に伴って関税政策が脚光を浴びて、本来の機能をはたすことが期待されていった。

もちろん、関税は輸入管理ほど強力な手段ではないし、また国内産業保護としての役割を過渡に関税に持たせることは、わが国経済の体質改善および世界貿易の拡大という自由化の趣旨からいって不適当である。ガットの関係からも許されない。むしろ関税は、本質的に単なる障壁としてではなく、その合理的弾力的な運用により、産業構造の改善、競争力強化など産業政策の一環としてその機能を営むことが必要である。

このような見地から、「貿易為替自由化促進計画」の自由化計画大綱あるいは促進計画は関税の役割を重視し、これに対する基本的方針を明らかにして、昭和37年10月までに90パーセントの自由化率を目指して輸入の自由化を行うことになった。これを受けて1961年度にかけて関税の大改正が行われた。これは、貿易為替の自由化に対処し、著しく変化したわが国産業構造に適応した関税体系を作成することを目的としたもので、関税制度、関税率、税表分類の三つについて再検討された大規模な改正であった。

例えば、それは関税制度の改正として、緊急関税制度、関税割当制度の新設であった。緊急関税制度とは、外国品の輸入増加により、わが国の産業に悪影響を及ぼす事態にならないうちに、政府みずからの権限で外国品に一定の関税を賦課することによって、当該産業を保護しようとするものであり、ガットの第19条でも認められている。また関税割当制度とは、特定の商品の

第3章　貿易政策の諸問題

第3-1表　昭和36年度以降の関税改正の要点

年　度	改正品目数	改　正　の　要　点
36	714	①税表分類をBTM（ブラッセル税表分類）に準処した、②輸入自由化を契機とする関税率の調整および緊急関税制度の創設
37	133	輸入自由化スケジュールの繰り上げに伴う措置
38	22	報復関税制度の新設
39	81	物価対策などの見地からの改正（豚肉の関税減免制度の創設など）
40	20	ケネディ・ラウンド（関税一括引き下げ交渉）による関税の一括引き下げを控え、小規模な改正にとどまった
41	30	BTN条約正式加入に伴う関税率表の全面改正
42	43	①簡易税率の新設、②石炭対策特別会計の設置、③通関業法の制定
43	68	ケネディ・ラウンドにおいて、1,917品目に及ぶ譲許を行い、昭和43年7月1日から47年1月1日までの間に段階的に引き下げを実施することになった
44	424	351品目について、協定税率に合わせ暫定税率が設けられた（中国などの非協定国に対する協定税率の均霑）
45	115	経済の国際化の進展、総合農政、物価対策、公害問題などに対応した多面的改正
46	149	①ケネディ・ラウンドにおける最終譲許税率の9カ月繰り上げ実施（4月から）、②特恵関税制度の創設
47	257	①前年度同様、流動的な内外経済情勢にかんがみ多面的な改正が行われた、②石炭および石油対策特別会計の設置
関税の一律20％引き下げ	1,865	総合的対外経済政策の一環として、鉱工業産品および農産加工品の関税を原則として一律20％と引き下げた
48	103	特恵関税制度の改正など
49	108	①国民生活関連物資にかかわる弾力関税制度の拡充、②産業助成減税制度の合理化、③物価対策のための関税引き下げ
50	51	①通関簡素化のための税率引き下げ、②輸入急増物品の関税引き上げ
51	13	通関簡素化のための税率引き下げなど
52	59	①原重油関税の引き上げ、②特恵関税制度の改正（基準年次の改訂等）
53	138	①東京ラウンド妥結前の関税の一括引き下げ、②原重油関税の引き下げ
54	26	製造たばこ等の関税率の改正など
55	1,525	①東京ラウンド関税引き下げ早期実施措置（1,518品目）、②東京ラウンド交渉新協定実施措置、③特恵関税制度の改正（LLDC特別措置の導入等）等
56	39	①特恵関税制度の適用期限の延長、②貿易摩擦の円滑な解消等（自動車部品、製造たばこの関税引き下げ等）
62	2,353	①関税率の改正、②特恵関税制度の改正、③各種減免税還付制度の適用期限の延長

出所：垣水孝一『関税の知識』日本経済新聞社　その他より作成

輸入にあって、複数の異なった関税率を設定し、一定の数量枠までの輸入については低関税率を適用し、その枠をこえる部分については高い税率を適用する制度であり、その目的は需要者の利益を考慮しつつ生産者の保護を図る趣旨のものである。

また関税率設定の基本的な考え方が、一つは各品目の税率を産業構造の変化に適応させること、もうひとつは、貿易自由化に対処できるものにすることであった。具体的には、関税率が一次産品、原料品に低率で、漸次加工度が進むにつれて高率になるタリフ・エスカレーション方式や生産財と消費財では、前者に税率は低く、後者には高いなどであり、過去の関税率、他国の税率、内外の需給状態や価格動向、現在や将来の産業構造に占める地位、輸出価格に与える影響などについて検討された。

1958年にEECが発足し、その翌年アメリカの故ケネディ大統領が提唱した世界的に大規模な関税一括引き上げ交渉、いわゆる「ケネディ・ラウンド（Kennedy Round）」が開始され、アメリカはEECの市場を開放させドル危機の克服を目指した。ケネディ・ラウンドでは1964年から67年にかけて、関税の一律50パーセント引下げの実施などが行われた。その後「新国際ラウンド」が、73年からガットを中心とした多角的自由貿易交渉（ラウンド）として展開され、73年9月の東京ラウンド交渉は、世界貿易の一層の拡大と自由化を達成するために第一次オイル・ショックの影響の大きな世界情勢にもかかわらず、75年の米国の「1974年通商法」の成立がきっかけとなって、第4回貿易交渉委員会が開催され交渉が開始された。東京ラウンド交渉は、交渉対象事項が広範囲にわたっていること、交渉参加国が百カ国近くに及んでいることでの苦難もあったが、主要関心品目の前倒し関税引き下げ、非関税措置の軽減、撤廃に関する交渉などが本格化されていった。

特に1983年は、80、81年度の改正とともに近年では最も大きな改正となり、次のような六つの項目を中心に行われた。それは(イ)市場開放対策等としての関税率の撤廃、引き下げ。(ロ)暫定税率の適用期限の延長。(ハ)原油関連減税、還付制度の改正。(ニ)その他の各種免税制度の見直し、延長。(ホ)特恵関税制度

の改正。㈥簡易税率の改正などであった。

その後1986年9月、ウルグァイのプンタ・デル・エステにおいて新ラウンドが開催され、1994年4月に終結した。その後、モノ、サービス、貿易ルール、TRIPS等の各分野におけるウルグァイ・ラウンド交渉の成果を統一的に実施するための国際機関として、世界貿易機関(World Trade Organization; WTO)が創設されることとなった。WTOは現行のカットに代わり、ガット協定及びウルグァイ・ラウンド諸協定の管理・運営を行うこととなった。

第3節　輸出入に関する貿易政策

(1) 輸出に関する貿易政策

1　貿易政策の二面性

今日における輸出政策は、輸出にそれを奨励する側面を全面に押し出す輸出振興および奨励政策を考えるだけでなく、秩序ある世界貿易の拡大、発展を促進させるために輸出規制政策に焦点を当て、適切な方策が政府によって計画され実施されることが現在一層必要となるだろう。輸出振興策は、第二次大戦後わが国の国内産業が、世界市場において十分な国際競争力をつけ、日本の経済復興を目標としてそのための政策が実施されていった。さまざまな輸出振興、優遇税制金融などによって官民一体となって進められたが、国内の一定の産業構造が確立され、国際的な競争力を輸出産業が保持するようになって成長し、安定してくると、特に現今のように世界的な他国籍企業として、わが国企業が各国に進出し、さらに世界貿易における日本の比重が大きくなって、国際的な貿易摩擦の元凶のように他の諸国から思われている点に関連して、輸出振興に関するその役割は減少し、代って貿易政策としては節度ある輸出政策、すなわち、摩擦なき輸出の確保が必要となってきた。

この意味では、相手国経済との調和のとれた政策が執られなければならない。それには、次のような少なくとも三つの方策の思考を考慮すべきである。

㈥輸出構造の高度化－わが国産業を独自性のある創造的知識集約的産業へ

積極的に指向し、それを醸成し、技術開発等へ継続的に努力を傾けることによって、わが国輸出構造の高度化を図ることは、調和的な国際的水平分業関係の形成を促進させ、世界貿易の一層の伸展に対して貢献することになる。換言すれば、自主的な技術を基礎として開発された商品の輸出を進めるだけではなく、貿易相手国の経済発展にも寄与するようなプラント輸出、技術輸出、海外進出を図ることが重要となる。

(ロ)輸出市場の多角化－わが国は、多くの資源・エネルギー源を海外に依存し、それによって加工された製品を各国海外市場に輸出するという貿易構造を形成しているため、資源輸出国との貿易赤字、先進工業国との貿易黒字を生じやすくなり、これが貿易摩擦を誘発する大きな誘因なとなっている。そのため、わが国は、特定市場に偏ることなく、世界各国市場に広く市場を拡大し、新市場を開拓し各国の人びとのニーズに合った適切な商品を充分に供給することが、長期的な観点ではわが国輸出の安定成長をもたらすことになる。この意味で、例えばアフリカ地域、ラテン・アメリカ地域への輸出の拡大や、中東産油国、環太平洋地域との政治的な、経済的な、また友好的な結びつきを通して海外市場の多角化を図ることである。

(ハ)節度ある輸出の確保－特定商品を特定市場に集中豪雨時に輸出することによって、相手国経済に多大な悪影響を与えることを考慮して、その回避につとめ相手国の市場動向等を配慮した節度ある輸出の確保に努める必要がある等である。こでは輸出規制策として輸出貿易管理を取り上げ、また輸出奨励策として輸出保険についてみてみよう。

2　輸出貿易の管理

貨物の輸出は原則として自由に行うことができ、その管理は必要な限度にとどめることがわが国の輸出に対してとっている基本的な原則であり、これは、わが国の貿易管理上の基本法である「外国為替及び外国貿易管理法(「外為法」)」において明記されている。外為法47条によれば、「貨物の輸出は、この法律の目的に合致する限り、最少限度の制限の下に、許容されるものとする。」と定められており、さらに同法第48条（輸出の承認）では、

特定の場合に事前に通産大臣の輸出承認を受けるべき義務を課し、輸出に対する制限が可能な場合は、①国際収支の均衡の維持、②外国貿易の健全な発展、③国民経済の健全な発展などのために必要な範囲内にとどめられることが規定されており、輸出管理について歯止めをかけている。

輸出の管理に関連して、この外為法（また輸出貿易管理令）以外に、関税法、輸出入取引法、輸出検査法、輸出品デザイン法等の直接的な規制法、また麻薬取締法、文化財保護法など国内規制の一環として、輸出についても制限または禁止等を行っている法律等によって実施されている。外為法による輸出貿易の管理の内容は、輸出貿易管理令によって具体的に定められている。

3　輸出保険

わが国の輸出保険制度は、輸出貿易その他の対外取引において生ずる種々の危険のうち、通常の民間保険（海上保険やその他の損害保険等）によって救済することができない危険を保険にする制度である。すなわち、仕向国の戦争、内乱、輸入禁止あるいは為替取引の制限といった対外取引等の当事者、海外投資者の責めに帰することのできない事由によるリスク（非常危険）、取引相手の破産、支払履行遅滞、一方的な契約破棄等の対外取引上において相手方の責めに帰することができるもの（信用危険）、また企業自体の見込み違いによるもの（企業危険）等を担保にすることによって、輸出者、海外投資者に安全および信用手段を供与し、輸出保険法によって輸出貿易その他の対外取引の健全な発達を図ることが目的である。

本制度は、1950年に現行の普通輸出保険が創設されたが、その後、対外取引が拡大し、複雑化、多様化してきたことに伴い、その必要性上各種の保険が新設され、現在では、普通輸出保険、輸出代金保険、為替変動保険、輸出手形保険、輸出金融保険、輸出保証保険、委託販売輸出保険、海外広告保険、海外投資保険の9種類の保険から成り立っているが、現在通産省は大幅な拡充（外国間貿易、輸入にも適用した保険）を行う方針である。

(イ)　普通輸出保険－ほとんどの輸出品目を対象としてカバーしており、わが国から船積みされる際の価額を保険価額として、自由に保険金額を定める

ことができる。保険の対象となる危険は、通常戦争、革命、内乱、輸入制限禁止、為替取引の制限禁止等の非常危険および輸出契約の相手国の政府等による一方的な契約の解除・破棄等の信用危険による輸出不能（船積前危険）、船積後の非常危険による代金回収不能（船積後危険）であり、それによって生じた損失をてん補する。

(ロ) 輸出代金保険－プラント類（設備ならびにその部分品、付属品等）および技術における延払輸出を促進させる目的で創設され、船積後における非常危険、信用危険などの回収リスクを担保する保険であり、対象品目は、特定化されているが、プラント完成までの輸出者の負担するリスクの大きさもこの保険のてん補対象となっている。

(ハ) 為替変動保険－為替相場の変動によって生じた為替差損額をてん補する保険である。

(ニ) 輸出手形保険－主として信用状を伴わないD／P（支払渡し）、D／A（引受渡し）手形による輸出取引（荷為替取引）の輸出代金決済を円滑にする機能を有するものであり、品目については特別の制限はないが、荷為替手形の介在上特別な規定がある。この保険は、代金回収のため輸出者が振り出した荷為替手形を買い取った外国為替公認銀行が、当該手形の不渡りにより受ける損失をてん補する保険である。

(ホ) 輸出金融保険－金融機関が輸出貨物の輸出・生産・加工・集荷の業者に対して融通した資金を回収することができないことにより受ける損失をてん補する保険である。

(ヘ) 輸出保証保険－これは、プロジェクトの大型化に伴い輸出貨物、外国における技術提供、労務提供などのボンド（保証）の巨額化により受ける銀行等のボンド発行の円滑化を図るためのものであり、海外発注者からの不当なボンド支払請求によって受ける損失をてん補するものとして、1977年に創設された運用上、当面入札保証、契約履行保証、前払金返還保証の3種類の輸出保証を対象とする。

(ト) 海外投資保険－輸出取引以外の対外取引にかかわる保険としてのもの。

第3章　貿易政策の諸問題

わが国の合併工場など海外直接投資について生じた戦争危険・革命・現地政府による接収・為替取引の停止などの送金制限の非常危険をカバーしようとするものである。主に途上国向けの直接投資にしか利用されていなかったが、現在、その対象を拡大し相手国でのゼネスト、合併相手方の債務不履行などにも損害の適用範囲を広げる方針を通産省は考えている。

（チ）　技術提供等保険－海外建設工事等の技術提供契約についての工事請負代金に関する危険は、従来輸出代金保険でまた建設用整備に関する危険については、海外投資保険で損害を総合的にてん補するため、海外建設工事保険によって引き受けていたが、1981年の法律改正により技術提供契約に含まれる貨物が普通輸出保険の対象とされることとなり、契約成立から一貫してリスクを担保できる制度として確立された。

（リ）　その他の輸出保険－委託販売輸出保険、海外広告保険、国際入札保険、海外市場調査保険などがある。

通産省は、累積債務国の債務返済繰り延べ（リスケジュール）の多発により保険金の支払いが急増し、昨年（1986年）現行の輸出保険制度を大幅に拡充し、外国間の貿易や日本への輸入などにもあらたに保険を適用する方針で、現在の輸出保険法を貿易保険法に組みかえるとしている。

（2）輸入に関する貿易政策

1　輸入諸規制の撤廃

第二次大戦後のわが国の輸入政策は、外貨予算制度の設置を背景としてドル不足に悩む諸国同様に、直接的な輸入統制を基本としての輸入制限政策であった。それは、外貨の大幅な流出を防止し外貨を維持し国際収支を均衡させること、また国内産業の保護育成、生産および輸入秩序の維持等を実現するものであった。しかしこのような直接的な制限政策はきわめて異例なものであり、戦後の復興期には受け入れざるをえないが、日本経済の発展が著しく、その自立性も次第に確立されてくるに従って、その弊害の不合理性が表面に現れるようになってきた。

しかし、貿易の自由化に際してわが国の実情が、国際市場で十分に国際競争力を有し、積極的海外企業と競合できる産業と、自由化によってすぐにもかなりな打撃を受ける中小企業とが存在し、特に後者においてはその産業の国際水準並みの競争力の強化が遅れたこと等の理由もあって、自由化の進展はなかなか行われえなかった。

かかるわが国の自由化を、促進させる契機となったものは、対外的にはEEC六カ国等西欧主要諸国のIMF8条国への移行と、その後の1958年に発足したEECによる輸入自由化をめぐる国際環境の変化であるとともに、また一方国内情勢も、その前後から自由化の促進を通じて開始された輸出伸長、経済体質改善、また旺盛な設備投資の盛行という国内的要請によって、わが国企業は飛躍的にその力を強め、さらに国際収支上においても順調に拡大基調を継続するに至り、わが国の開放経済へのスタートをきった。昭和35年「貿易為替自由化計画大綱」、昭和37年の「貿易為替自由化促進計画」の基本方針によって自由化が進行し、昭和50年には97パーセントに達した。そして昭和52年に輸入手続きの簡素化という観点から輸入貿易管理令の抜本的な改正が行われた。

輸入貿易管理の目的は、外為法第52条により「外国貿易及び国民経済の健全な発展を図るため」と規定されているが、そのために必要な規制については、わが国の経済の発展および国際的地位の向上等に伴い、大規模な自由化ならびに簡素化が輸入に関して実施されてきているが、諸外国によるわが国への輸出増加の要求に基づき、輸入手続き上における障害を軽減したり、撤廃するためにライセンシング・コードが作成された。それによれば、公平な輸入許可手続きおよびその衡平な運用実施、その簡素化および公表の拡充に関して規定されており、また諸外国からの厳しい要請により大幅に輸入手続きの効率化および簡素化が80年に図られた。

例えばそれは、(イ)輸入届出制の廃止（今までは外国為替公認銀行に輸入承認申請書を提出し承認を受けることが原則となっていた）、(ロ)無為為替輸入等の承認制の廃止、(ハ)事前許可手続きの簡素化、(ニ)事前確認制及び通関時確

認制の簡素化、㈥支払手段の取極の制限の廃止、㈻輸入伴う外貨債権回収義務の廃止、㈷交互計算勘定による包括確認制の導入、㈹輸入割当品目に係る輸入手続きの改正などであった。

現在わが国では日米構造問題協議における合意に基づき、輸入手続きの一層の迅速化を図るために必要な改善措置を講じべく、輸入手続関連省庁連絡会議において、ネットワーク体制を整備している。

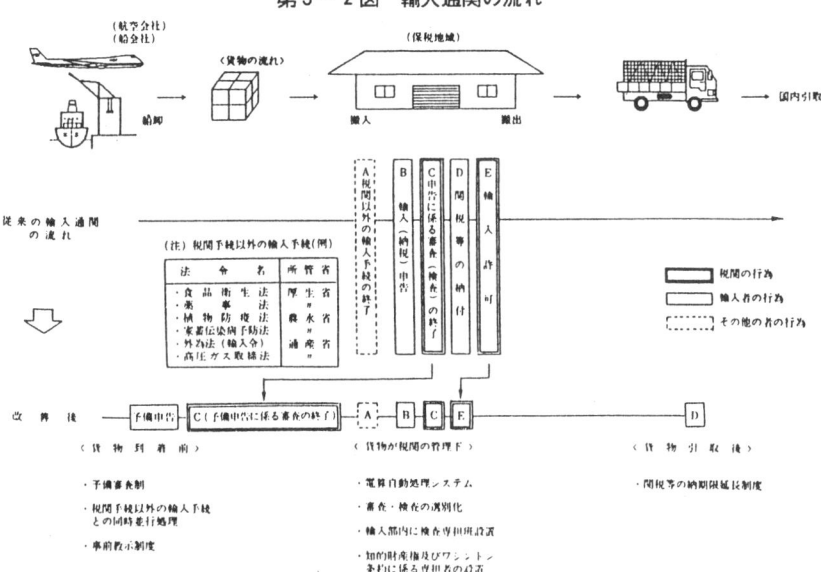

第3－2図　輸入通関の流れ

出所：大蔵省『財政金融統計月報』関税特集　No.510. 1994年10月　p.45.

2　輸入促進政策

世界経済における昨今の貿易上の不均衡の影響により、欧米諸国を中心に種々の対日批判が一層広範囲にわたり、その内容も多様化してきているが、このような批判や要求の根底のひとつには、わが国貿易収支の大幅な黒字基調がその原因であることはいうまでもない。

そのため、わが国は、貿易黒字問題への対応として、㈠一層の市場開放の促進、㈡輸入需要喚起、㈢製品輸入促進等と輸入拡大方策をとってきている。

また世界経済の再活性化の観点からの対応として、投資交流、技術交流、産業協力を積極的に推進することなどを企図している。特に製品輸入の促進は、今やわが国の緊急課題であり、その重要性が増大してきている。というのもわが国が製品輸入を拡大し、促進していくことは積極的に相手国の輸入の増加、産業の活性化を結集し、貿易収支の均衡が改善され世界貿易の発展に貢献する力となるからである。最近欧米中心として世界各国の対日輸出マインドが急速に増加している。そのため、わが国は、一方的な輸入制限措置を回避し秩序ある輸入を実行し、各国の対日貿易が具体的に実現するよう努め、例えば、正確な国内マーケッティング情報の提供や種々の取引の機会を提供することなど、これまでより一層の輸入促進対策を積極的に展開していくことが必要である。

そのため、1980年代に入って、毎年のように対外的な経済政策を推進する方向で輸入促進政策が講じられてきた（第3－2表を参照せよ）。それを総合的に一瞥してみると、

(イ) 関税率の引き下げおよび撤廃－関税率に関しては、82年度に2年分前倒しで1,653品目の引き下げを実施し、83年には欧米各国の関心品目中タバコ、チョコレート、ビスケット、また農産物47品目および工業品28品目につき関税の撤廃または引下げが行われ、84年4月での包括的な対外経済政策の決定では、71品目の関税率の引き下げ、7品目の関税の撤廃が実施された。90年度からは鉱工業品を中心とする1,000品目以上の関税の引き下げ、撤廃を実施してきている。

(ロ) 輸入制限の緩和－自由貿易の維持発展を図るという観点に立ち、わが国は積極的な輸入自由化を実施してきており、70年代当時の残存輸入制限品目は、118品目（鉱工業50品目、農水産物68品目）であったのが、市場開放政策等の方策により自由化を図り、現在27品目（鉱工業品5品目、農産品22品目）にまでに減少してきている。例えば落花生、フルーツピューレ・ペースト、非かつんつき果汁、トマトジュース・ケチャップ・ソースについて輸入枠を拡大してきた。

第3章 貿易政策の諸問題

第3-2表 対外経済対策のあらまし

	対外経済対策 (1981.12.16)	市場開放対策 (1982.5.28)	当面の対外経済対策の推進について (1983.1.13)	総合経済対策 (除く内需振興) (1983.10.21)
関税率の引き下げ、または撤廃	・東京ラウンド合意に則った段階的引下措置の1律2年分繰上げ	・82年度において左記の実施 ・新たに農産品17品目、鉱工業品211品目につき、1983年度から実施	・新たに農産品58品目、鉱工業品28品目につき、1983年度から実施	・農産品17品目、鉱工業品38品目につき、1984年度から実施 ・東京ラウンド合意の関税引下げ ・鉱工業に係る特恵関税のシーリング総枠5割拡大
輸入制限の緩和	・残存輸入制限品目のレビュー	・ニシン、豚肉調製品、ハイテストモラセス、パイナップル缶詰の輸入割当数量の等増加	・雑豆、落花生、フルーツピューレ・ペースト、非かんきつ果汁、トマトジュース、トマトケチャップ・ソースについて輸入制限の緩和	・諸外国との協議結果等を踏まえ所要の措置を講ずる
輸入検査手続き等の改善	・輸入検査手続等の見直しを決定 ・輸入検査手続等の運用の適性化 O..T.O.の設置 (82.1.30) O..T.O.を設置し、諸外国からの苦情処理体制を充実・整備	・O..T.O.の積極的活用 ・通関手続、輸入手続の簡素化、迅速化 ・規格、基準作成過程の透明性の確保	・O..T.O.諮問会議の開催 ・O..T.O.に代理申立制度の導入 ・基準・認証制度等の検討のため連絡調整本部を設置 基準・認証制度の改善について(83.3.26) ・認証手続における内外無差別の法制度的確保等	・基準・認証制度の確実な実施 ・O..T.O.活動の強力な推進
輸入促進対策	・緊急輸入外貨貸付の実施 ・備蓄等の推進 ・輸入ミッションの派遣 ・製品展示会の開催等	・外国たばこ取扱いの段階的実施(1985年度迄に) ・緊急輸入外貨貸付の引き続き実施 ・アラスカ石油等の対日輸入の促進 ・流通機構・ビジネス慣行の改善 ・製品輸入対策会議の場で検討することを決定 ・ビジネスコンサルタントを活用した個別取引斡旋システムの創設 ・輸入の流通に関する独禁法の厳格な運用 ・政府調達	・外国たばこ流通の一層の促進 ・製品輸入の拡大等 ・流通機構・ビジネス慣行についての所要の改善 ・ビジネスコンサルタント制度の活用、輸入促進懇談会の活動の円滑化に協力 ・政府関係機関による調達	・輸銀融資による輸入促進等 ・円による短期輸入金融の円滑化 ・JETROの輸入促進機能の強化 ・輸入たばこの流通改善 ・輸入促進懇談会の改善 ・輸入品流通機構の改善 ・政府等による輸入品調達の促進
資本流入促進				・政府保証外債の米国市場での発行 ・外債公債に関する法律の整備等
円の国際化対策及び金融資本市場の整備		・サービス貿易の自由化等		
その他	・輸出対策 ・産業協力対策 ・経済協力対策	・先端技術 ・産業協力 ・輸出対策 ・経済協力対策	・輸出対策 ・産業協力	・実需原則の見直し ・円建TBA市場の検討 ・資本交流の円滑化 ・金融分野における外国企業の進出等 ・産業協力の推進 ・経済協力の推進 ・国際金融機関への資金協力 ・節度ある輸出の確保

出所:日本関税協会『貿易年鑑、1984年』p.142.

㈢　輸入検査手続き等の改善

　(a)　O.T.O諮問会議の開催－市場開放問題苦情処理推進本部（Office of Trade & Investment Ombudsman; O.T.O）の活動全般につき諮問に応じ、本部の活動を支援するため、新たにO.T.O諮問会議を開催すること。特に制度面での輸入障壁問題は、82年1月30日に設置されたO.T.Oにおいてなされており、各国の輸出業者や日本の輸入業者等が、輸入検査手続などの市場開放問題について直面する具体的な苦情を迅速かつ適確に処理するための機関としてO.T.Oは今までに（90年9月末）431件の苦情を受け半数ほどを改善してきている。

　(b)　基準・承認制度については、82年に起こった金属バット問題につき日米スタンダードの協議上、国内業者と同等に外国製造業者を考慮するよう要求されたことにより、その後見直しが行われ外国検査機関によるデータの受け入れ、認証手続きの簡素化が逐次実施され、法律も改正された。

　(c)　輸入検査手続き等の改善－82年に前年の貿易会議の審議検討の結果、輸入業者および諸外国から指摘されていた99事例のうち74例について改善措置を講じた。例えば、電気用品技術基準の国際基準への整合、消費生活用製品に係わるSマークおよびSGマークの外国企業への開放等である。

㈡　製品輸入の促進－国民一般の輸入品に対する理解と購買力を喚起することによって、またジェトロ（JETRO）、ミプロ（MIPRO、製品輸入促進協会）によって、輸入促進事業強化がなされ、日本輸出入銀行などによる製品輸入促進のための低利の輸入金融制度の拡大、強化が決定された。その内容も広範囲にわたり、単なる買付け目的のミッションの派遣にとどまらず、対日国内市場アクセスの促進、またさらにわが国内の需要者のニーズの特性の伝達、見本市、輸入展示会などの開催である。

　こうした結果、(a)産業構造の製品輸入増加構造への転換。(b)政府ベースでの一層の輸入促進の強化、拡充。(c)輸出マインドと同時に輸入マインドをもつ民間企業の増加など製品輸入を拡大させる環境条件が整備されてきているため、今後とも増大する産業協力、投資交流も加わり、わが国の製品輸入増

第3章　貿易政策の諸問題

大に寄与することになろう。

〔**参考文献**〕
　○日本関税協会編『関税六法　昭和55年度版』日本関税協会　昭和55年
　○東京ラウンド研究会編『東京ラウンドの全貌』日本関税協会　昭和55年
　○藤井　茂『貿易政策』千倉書房　昭和48年
　○油本豊吉『体系貿易と貿易政策（増補）』広文社　1974年
　○荻原　稔『商業政策の基礎理論』白桃書房　昭和51年
　○津田　昇『関税制度入門』成山堂書店　1971年
　○日本関税協会編『関税改正のすべて－昭和58年版－』日本関税協会　昭和58年
　○垣水孝一『関税の知識（新版）』日本経済新聞社　昭和57年
　○日本経済新聞社編『80年代の貿易ルール』日本経済新聞社　昭和55年
　○三宅正太郎『貿易摩擦とガット』日本関税協会　昭和60年
　○日本関税協会編『貿易年鑑－1984年版－』日本関税協会　昭和59年
　○日産自動車編『自動車産業ハンドブック－1985年版－』紀伊国屋書店　1985年
　○ジェトロ編『世界と日本の貿易－1984年版－』ジェトロ　昭和59年
　○吉冨勝『レーガン政策下の日本経済』東洋経済新報社　昭和59年
　○丸尾直美他編「ゆたかな生活と日本経済」（『成熟の日本経済』その一）中央経済社　昭和57年
　○中村秀一郎他編「21世紀にむかう日本産業の活力」（『成熟の日本経済』その二）中央経済社　昭和57年
　○小林規威他編「世界経済の摩擦のなかで」（『成熟の日本経済』その三）中央経済社　昭和57年
　○総合研究開発機構編『日本経済の進路』東洋経済新報社　昭和54年
　○柴田　裕『国際経済政策の理論』東洋経済新報社　昭和50年
　○久保田　順『貿易の理論と政策』新評論　1972年
　○小島清他編『世界経済と貿易政策』ダイヤモンド社　昭和47年
　○島野卓爾編『どう変わる世界貿易と日本』通商産業調査会　昭和58年
　○A.R.プレスト（大淵利男、小林通訳）『発展途上国財政論』時潮社　昭和54年

第4章 外国為替

第1節 外国為替の意義と役割

(1) はじめに

　国際間での取引の結果として、その決済のために代金の受払いが発生する。それは国外から輸入した財貨への支払い、輸出した財貨への受取りである。こうした代金の決済は、国際間では国内でのものとちがって、実際にその国の通貨が国境をこえて国際取引の決済手段として機能するものではない。なぜなら、各国がそれぞれ異なった貨幣制度をもち、自国内で法的に通用力をもった通貨（法貨＝Legal Tender）により決済されており、それが国外において通用しえないためである。また、受け払いに金でもって済ませる方法があろうが、その場合それを移動するための手数、危険負担を考慮すれば結果として実用性をもたない。そのため、国際間での代金決済の役目をはたすことになるのは、外国為替という方法によってである。

　為替とは、本来の「交換」するという意味において使用されており、「取り交(かわ)す」という所から「かわせ」となったと云われている。そのため狭義的には為替は、貨幣と貨幣との交換、すなわち両替を意味するが、一般には広義的な意味で使用されている。広義的な意味とは、「遠隔地間における債権、債務の関係を現金を現送せずして、支払取立指図書（手形、小切手など）を利用して決済する方法である。この方法によると現金の移動がなくなり、手数や危険を避けることができる。為替が一国内で使用される場合を内国為替と言い、それが国際間で使用される場合を外国為替と言うのである。そして、この為替が利用される場合、債権債務者間に仲介者として銀行がその役目をはたすのである。銀行が仲介機関として適当であるのは、①資金が豊富である。②信用度が大きい。③各地に金融網がめぐらされていることなどからである。

（２）外国為替の決済方式

為替を用いて代金を決済する方法には、並為替方式と逆為替方式とがある。並為替の場合には、**債務者が債権者に銀行（為銀）を通じて代金を送る方式**である。第５－１図に例示されている様に、いま東京の債務者がニューヨークの債権者に送金する場合を考えてみると、①東京のＡは、為替銀行甲に送金額にあたる円を支払い、②為替銀行甲からニューヨークの為替銀行乙を支払人、Ｂを受取人とする外国為替手形を受け取る。③ＡはニューヨークのＢにこれを郵送し、④Ｂはこれをもって為替銀行乙に呈示し、⑤引替えにドルを受け取る。そしてその結果、⑥東京とニューヨークの為替銀行間において**債権債務の関係が生じ**、それぞれの銀行の為替勘定の貸借記帳決済が行われる。この並為替方式の場合には、資金の流れと為替手形の流れが、東京からニューヨークへと同じ方向に流れる。

第５－２図は逆為替方式の例である。これは東京の輸出者Ａが、ニューヨークの輸入者Ｂに商品を輸出し、輸出代金を外国為替手形により取り立てる場合である。①東京のＡは、輸出貨物の船積完了とともに為替手形（ニューヨークのＢを支払人、東京の甲を受取人）を振り出し、船荷証券（運送荷物の受取り書）、保険証券（運送保険証書）、送り状を含んだ船積書類とともに手形を売り渡す。②甲は、これと引替えに為替代金をＡに支払う。③甲は、為替手形と船積書類をニューヨークの為替銀行乙に郵送し、Ｂに為替代金取立を通知し、④乙は郵送された為替手形をＢに呈示し、支払を求め、⑤Ｂは為替

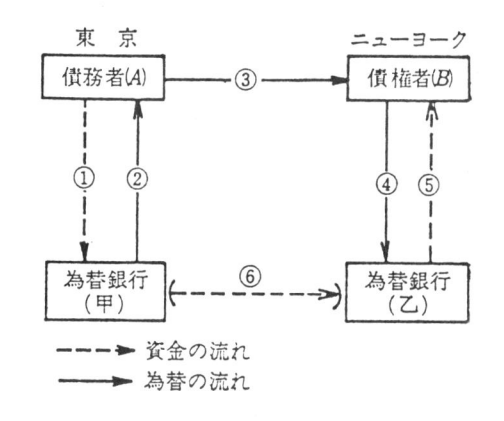

第５－１図　並為替方式

```
    東　京              ニューヨーク
  ┌─────┐    商品    ┌─────┐
  │輸出者(A)│─────────→│輸入者(B)│
  └─────┘←─────────└─────┘
     │ ↑                ↑ │
     │ │                │ │
     ①│②│             ⑤│ │④
     ↓ │                │ ↓
  ┌─────┐    ⑥     ┌─────┐
  │為替銀行│←─────────│為替銀行│
  │ (甲) │─────────→│ (乙) │
  └─────┘    ③     └─────┘
```

‒‒‒→ 資金の流れ
──→ {為替の流れと 船積書類の流れ

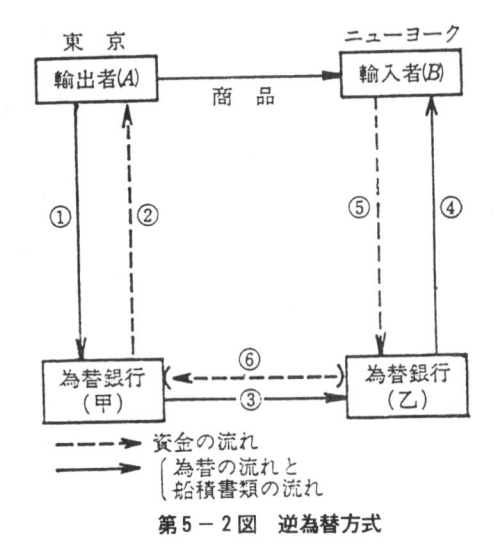

第5−2図　逆為替方式

代金を乙に支払い、為替手形と船積書類を受け取り、船荷証券を船会社にもっていき輸入貨物を引き取る。この場合、為替の流れは東京からニューヨークであるが、資金の流れはニューヨークから東京へと逆の方向に流れる。

為替の決済方式がいずれの場合でも、すなわち、東京側でもニューヨーク側でも受け払いが生じる。この受け払いを処理する銀行が支店を外国にもっていればよいのだが、各地域に設置するわけにはいかないので、外国の銀行に頼んで支店の替りをやってもらう。これらの為替銀行をコルレス（Corres, Correspondent bank の略）といい、この場合為替取引契約（コルレス契約）が両者間に結ばれていなければならないことはいうまでもない。

第2節　外国為替学説

（1）はじめに

外国為替学説は、一般にその中心とする課題が、外国為替相場がどのように決定され、また変動する諸原因が何かを追求し、明らかにすることである。外国為替相場の決定は、一般の商品価格が市場においてその需要、供給関係によって変動したり、また決定したりすると同様に、為替に対する需要供給が直接的な要因となって相場が変動したり、決定するのである。この点、外国為替変動の原因および決定の起源と進歩の時代となった16世紀に、さらに

第4章 外国為替

　第1次世界大戦後半に起源をもつ近代的外国為替理論においても十分に共通する所であるが、為替に対する需給がいかなる要因によって影響され、またその正常な相場となる帰着点はどこにあるのかの観点において学説が異なっている。

　もちろん、その相違は時代的な背景によってかなり条件がちがっている。ここで取り扱う範囲は、リカード、J.S.ミルおよびマーシャルのような指導的な19世紀の経済学者の著作は、多くの外国為替理論に関する資料を含んでおり、示唆に富むが、やはり体系的に記述され、実務と理論の両方の観点からひときわ目立って重要と思われるゴッシェン以降の三つの理論に言及することにする[1]。

（2）国際貸借説

　J.S.ミル以降の外国為替および国際価格を体系化したとされるゴッシェン（George Joachim Goshen; 1831～1907）は、その主著『外国為替論』（"The Theoy of Foreign Exchange."1861.）においてそれまでの理論、例えばマーカンティリストのT.マンやJ.ハリスさらにはA.スミスやJ.S.ミルなどの古典学派の思想を体系的に論述しており、一般にゴッシェンをして国際貸借説（Theory of International indebtedness）の代表者としている。

　ゴッシェンによれば、まず外国為替相場の騰落の第一の原因を「外国へ資金を送金しようとほっする側の需要額がたまたまある時期に多いか少ないかによることである[2]」として、為替相場を為替市場での供給と需要とによって決定されるとする。そして、実際には為替に関する売買取引は、外国為替手形という一定の型をとるのであり、かかる為替手形が売買される理由は、外国との間における貸借関係が発生し、一定額を支払う必要があるからであり、外国為替を論ずるにあたって熟慮せねばならない第一の要因は、国際貸借（国際的債務）であるとして、外国為替論を展開している。

　ゴッシェンはまず国際貸借を重商主義的思想としての単なる貿易差額という意味ではないことを指摘し、国際間の債務の本質を次のように述べている。

「これらの負債を単純に外国品の輸入によって生じると想定し、そして貿易のバランスを単なる輸入と輸出の問題として、すなわち一方の他方に対する超過であると見做すことはしばしば誤謬である。……その債務は、国々がそれぞれの生産物の交換の結果起るよりも、むしろ各国が他国に対して支出した一切の金額の相対的な総合計の結果としてであって、天産物と製造品の支払いか、または株券と公債の購入のためか、あるいは利潤、手数料、またはなんらかの貢納の支払いのためか、もしくは外国での居住や旅行に要した費用を代弁するためにかであって、事実上それぞれの国家相互間に行われる一切の支払額（あるいは支払の約束）から起ることが明らかになるであろう。現実に借り入れをするという概念は取り去られねばならないし、今われわれに関係のあるのは負担する債務であって、しかもこの債務はその起因が何であろうと結果においては同一である[3]」としている。

すなわち、彼の国際貸借の意味は、広義のものとしてとらえられており、(イ)目にみえる商品取引、(ロ)株券および公債の売買、(ハ)利潤、運賃、手数料または寄付金の受払い、(ニ)外国居住者の消費、外国旅行における消費などを挙げ、単に貿易収支のみにより構成されるだけでなく、貿易外収支を包含しそれぞれが国際貸借に影響を及ぼすものとしたのである。また彼は為替相場の決定要因としての国際貸借とは、一方の国が他方の国に負う永続的な負債は、少なくとも支払いの時期が到来するまでは考慮外のものであり[4]」、国際間に貸借関係が存在しても、それが受け払いされぬ以上、すなわち、一定の期間における収支だけが為替相場に関係してくるというのである。

ゴッシェンが外国為替論を論述する場合に次の前提が列挙されている。それは、(イ)金本位制度の時代を考慮し、(ロ)基本的には取引される相互国家の統一的貨幣制度の樹立、(ハ)外国為替手形の価格が為替相場である[5]。もちろん、長期間の手形の価格も考慮され、利子率、信用状態、経済恐慌、政治的動乱などの場合、為替相場を変動させる諸要因となるとしているが、ゴッシェンにあっては、為替相場の決定また変動の原因である国際貸借は、いわゆる一覧払手形をもって決済されるものを対象としており、それが為替相場決定の

「第一に重要な要因」となるとした。そのため、彼の所説は、国際貸借説あるいは国際収支説と呼ばれることになる。当然この点、すなわち短期的な観点からの考察は、彼の理論の欠陥（国際貸借と国際収支の同一視）として批判されることになる。

　国際貸借説をして、第一次世界大戦前、世界各国が一般的に金本位制度を採用していた時代の為替相場の決定、変動を説明しえた理由は、元来、金本位制度を採用している国家の相互間においては、為替相場の基準点は法定平価によって与えられており、その変動の範囲も、金輸出点と金輸入点との間に限られていたために、このような単純な需要供給説をもってしても、十分に日々の為替相場の変動を説明することが可能であったと思われる[6]。

（3）購買力平価説

　第一次世界大戦開始後の1914年、各国は金本位制度から紙幣本位制度に移行していくようになると、為替相場は無制限な動揺にさらされるに至った。戦時の巨額な財政赤字は、インフレの根源となり、インフレによる各国通貨価値の下落と戦争による貿易の中断は、一国の物価水準と通貨の為替価値との関係を混乱させた。このような時代を背景として変動する為替相場がなんらかの基準となる一定の為替相場に落ち着く点を明らかにしたのが、スウェーデンの経済学者であるグスタフ・カッセル（Gustav Cassel; 1866－1954）であった。彼の理論は購買力平価説（Theory of Purchaaing Power Parity）を提唱することによって、すなわち、二国間の為替相場は、二国の貨幣の購買力の変動に比例して変動し、金本位制度と異なった紙幣本位下における為替相場の変動にも一定の基準があることを明らかにした。

　もちろん購買力平価説は、エンジェル（James W. Angell）も指摘しているように、ソーントン（Henrt Thornton; 1760－1815）やホーナー（Francis Horner）をとおしてウィートリー（John Wheatly）により、また19世紀初期には地金論争のうちD.リカードは「通貨が価値の減価した紙幣よりなり立っている場合､､為替相場は必然的にその紙幣の減価の程度に応じて下落

する。したがって為替相場は、通貨の価値低下を判断する上ではかなり正確な基準となるだろう[7]」と述べており、それ自体カッセルの独走とはいいがたいが、現実の紙幣本位国間における為替問題を明確に体系化した点は大きい。

　カッセルの為替相場決定の基本的根拠は、「われわれが、外国貨幣に対して一定の代価を支払おうとするのは、究極的にまた本質的に、この貨幣が外国において商品およびサービスに対して購買力を有するという事実に基づくのである。これに反して、われわれが一定額の自国の貨幣を提供する場合には、事実において自国における商品及びサービスに対する購買力を提供しているのである。従って、われわれの外国貨幣に対する評価は、根本的には、両国通貨のそれぞれの国において有する購買力比によって決定される[8]」としている。

　しかしながら、外国の商品およびサービスを獲得する場合に生じる困難が、外国貨幣の評価に影響して、為替相場をある程度まで購買力比から離反させるはずである。というのは、「外国貨幣の所有は、人が外国においてその通貨で購入しえる財貨およびサービスに対する直接の処分権を、自国内で有していることを意味しない。このような処分権をえるには、種々の困難が生ずるものであって、これらの困難は外国貨幣の評価に影響を与えざるを得ない。実際、戦前に得られた比較的安定的な条件のもとにあってさえ、ある人の貨幣は、その時の為替相場で両替した場合、一国において他国におけるよりも幾分高い購買力を有していたことが往々にしてあったであろう。従って為替相場は、種々の通貨の真の価値を充分正確に示したものではなかった。……二国の経済状態の差異、特に運輸や関税上の差異は、正常な為替相場をある程度まで通貨の真の購買力の比率から離反させるであろう。問題は極めて複雑であるから、かかる正常為替相場を計算することは理論的にほとんど不可能であろう[9]」と述べている。

　したがってカッセルによれば、この高さを現在における貨幣の購買力の比と外国の財貨を獲得する際の諸困難さから、直接に現在あるべき正常相場を

算出しないで、正常な自由貿易が行われていた時の為替相場を基準にして、その後の購買力の比の変化を知ることによって、間接的にこれを算出しようと試みるのである。

　すなわち、「A、B二国間の貿易に普通の自由が許されていれば自ら成立し、この相場はいずれの通貨の購買力にも変動がなく、また貿易に特別の障害が置かれない限り、わずかな小変動を除けば、一定を保だろう。しかし、A国貨幣にインフレーションが起り、したがって、この貨幣の購買力が減少するや否や、A国貨幣のB国における価値は、必然的にこれに正比例して減少する。またもしB国貨幣がインフレートされ、その購買力が減少すれば、A国貨幣のB国における評価は、明らかにこれと反比例して増加するであろう。もし例えば、A国のインフレーションが100に対する330の割合で、B国のインフレーションが100に対する240の割合であるとすれば、新為替相場は、旧平価の4分の3となるだろう。これらの事実からして次の法則が生まれる。すなわち、二つの通貨が膨張せられた場合に、新標準的為替相場は、旧平価に二国の通貨膨張率の比を乗じたものに等しい。いうまでもなく、この新標準的相場からの変動は常にあるだろうし、また過渡期においては、これらの開きがかなり大きくなりがちである。しかし今示した方法で算出した相場は、通貨間の新平価とみなすべきである。この平価は、各国の通貨の購買力の比によって決定せられるものであるからして、購買力平価と称することができる[10]。」

　このように為替相場が常に帰着せんとする均衡点を算出するために、「もし例えばフランスの通貨のインフレーションが600で（1913年前の100に対して）イギリスの通貨のインフレーションが300であったとすれば、標準的相場は1ポンドにつき25フランから50フランに倍加したことを説明するのに、他に原因を求めるは全く無用である。（これらの数字は、もちろん多少簡単化されているが、現実に発生した事実の本質を示すと考えて差し支えない[12]）」と述べている。すなわち、これは、

$$25 フラン \times \frac{100}{300} \div \frac{100}{600} \fallingdotseq 50 フラン$$

として算出される。

　1ポンドにつき50フランがその後の両国の標準的為替相場となって、均衡点に帰着するのである。この理論は、1914年以降の紙幣本位制下での為替の変動期におけるすぐれた為替学説ではあるが、欠陥もないわけではなく、次のような前提を一般に設定される必要がある。(イ)時代的な変化があっても国家間の貿易は自由であること。(ロ)二国間の貿易は単なる商品、サービス取引だけであり資本取引は除外、(ハ)すべての商品、サービスの価格は、貿易、国内取引とも同一の割合で変動することなどである。

(4) 為替心理説

　第一次世界大戦後の為替変動の事実によって、従来の為替理論では解明できない点をカバーする学説が必要となってきた。1920年代初期のフランスでは、その無秩序な状態の中で為替相場は、なんらの法則にも従わずして、計算不可能な信認という心理的要因によって決定されるということを主張するまでとなった。また20年代中にフランスでは、主としてフランの減価をひき起こし、順次物価の騰貴に伴って投機的な為替操作や資本の逃避に帰着した予算不足の増大が現れてきた[13]。

　このような経済的社会的な背景を伴って、パリ大学の教授であったA.アフタリオン（Albert Aftalion; 1874－1939）は、「国際貸借説は、為替の量的諸要因の面に説明を求めているが、それらの諸要因のすべての運用には成功しておらず、また購買力平価説は為替の質的諸要因に関連しているが、それらのすべてを採用していない。（そのため）、完全な説明に到来するにはこれら二つの学説全体を含むのみでなく、さらに一層包括的な広義の学説にこれらのものを融和させなければならない[14]」として為替心理説（Théorie Psychologique du Change）を提唱した。

第4章 外国為替

　これによれば、為替理論を「最近の貨幣経験によると、為替に関して人々は、増々信認、予測（Prévisions）のようないわゆる心理的要素にも著しい重要度があると認識している。しかし為替はその根拠として個人的評価（Les appréciations ou lesestimations individuelles）、すなわち、最終単位の評価中に認めるものであるから、すべての為替学説は一つの心理説として看做しえられるものである[15]」とした。これは為替相場の変動を人間の心理的根拠をそれにあてたが、単なる欲求、予測、投機心などを意味するだけでなく、外国貨幣への評価は、将来の見込みから生ずるそれを獲得する最終単位に期̇待̇（attendre）されるものに依存しているとしている。

　アフタリオンは、その期待の本質を質的、量的要因（facteurs qualitatifs, facteues quantitatifs）との面から論じており、前述の国際貸借説と購買力平価説の包括的に融和させる方法をとる試みをしている。為替の価値評価への影響の質的要因として、まず第一にカッセルの論じるように外国貨幣に期待するものを購買力に求めているが、輸入業者にとっては、外国における一般的物価水準から生ずる外国貨幣の一般的購買力ではなく、獲得しようとする特定商品の国内と外国での価格間の相違、すなわち特定商品の獲得に関する購買力であるとする。第二に、すでに契約された債務の外国における決済のごときものの支払能力をあげ、第三には、投機的目的によっていかなる商業取引とは関係なく、外国為替に対し、その安値に誘惑され、将来高値になるという見込みでの買付けである。また第四は、各国での将来の貨幣価値評価に密接に関連して、国外への資本輸出や逃避は、その不利が保護される上での期待からである。

　また量的要因では、外国為替に対する個人的評価は、量的要素によって、限界効用の原理に立脚して、その最終単位に対する期待に依存しており、為替供給の逓増量に対して、為替に対する効用、すなわち、評価の逓減をもたらし逆に逓増するように、その需給量に依存するのである。かくて質的、量的両面から、為替に対する個人的評価が決定され、それが集計された為替に対する需給の均衡点で市場における為替相場が成立する。

このように、為替心理学説は、「あらゆる商品価値の根拠と同様に外国貨幣価値の最高の根拠も本質的には心理的なものである[16]」と人間の心理的要因を根拠として将来に対する予測を為替相場に影響する要因として重視したことは大きな意義がある。しかしこの学説においても為替理論の前進に大きな貢献をはたしたが、この説に立脚している限界効用論を、一般の消費財に対すると同様に貨幣価値の決定に対して適用している点、また為替相場と物価との因果関係においても、為替相場が唯一の物価決定要因でもなく、物価も唯一の原因ではないが、その相関関係をもっと重視されるべきであった。

第3節 外国為替の種類

外国為替取引においてその為替の需給は、国際収支上の各項目の影響を受ける。通常「貿易収支」、すなわち輸出、輸入が最大の項目である。そしてそれに伴う外国為替が、輸出為替、輸入為替あり、また「貿易外収支」やその他の決済では送金為替が用いられる。

（1）外国為替手段による種類

為替には、前述したように通常その資金移動によって二つに大別され、債務者が外国為替銀行を通じて資金を送金する為替、いわゆる送金為替と債権者が為銀を通じて債務者から資金を取り立てる逆為銀とに区別される。そして、その送金方法の種類は次のようなものがある。

```
                              （送金）
              （送金）      書信為替（Mail Transfer, M/T）
              普通為替
送金為替                      送金小切手（Demand Dnaft, D/D）
              （送金）
              電信為替（Telegraphic Trarsfer, T/T）
```

書信送金、および電信送金の支払方法

$$\begin{cases} 請求払い（Pay on Application, P/A）\\ 通知払い（Advice and Pay, A/P）\end{cases}$$

(a) 書信（郵便）為替－送金人から依頼に基づき、銀行が航空便にて一定金額を海外支店やコルレス先を支払銀行とする郵便付替票（Credit Note, C/N）や支払指図書（Payment Order, P/O）によって支払銀行へ支払いを指図する方法。

(b) 送金小切手－送金人の依頼を受けた取組銀行が、耳行の海外本支店、コルレス先銀行を支払銀行とする小切手を振り出し、送金人に交付し、送金人はこれを受取人に送付し、受取人は小切手を支払銀行に呈示して代金を受領する方法。

(c) 電信為替－郵便為替の場合よりも大口の送金や急を要するものの送金で、電信より指図を行う方法。

（2）外国為替取引による種類

(a) 売為替（selling exchange）と買為替（buying exchange）－外国為替取引は銀行と顧客との間における金銭を対価としての外国為替の売買であり、銀行側に立って銀行が顧客から邦貨を受取って、外貨建の送金為替を取組むと売為替（selling exchange）となる。また逆に銀行が外貨表示の為替手形を買い取って顧客に邦貨を支払う取引は買為替（buying exchange）である。すなわち、海外への支払いの場合、売為替、海外からの受け取りの場合が買為替となる。また売買の対象となる外国為替の表示通貨を基準として「外貨建（foreign currency）」、「邦貨建（home currency）」為替とに分類される。前者はドル為替、ポンド為替等であり、後者は円為替である。

(b) 仕向為替と被仕向為替－国際間の資金移動で外国為替を仕向ける側という基準での分類であり、外国為替銀行がその取引上為替の始発地になる仕向地で売買される為替を仕向為替といい、取引先銀行がその被仕向地で売買される場合、被仕向為替という。

(c) 並為替（順為替）と逆為替（取立為替）－通常その資金移動に関して、

第5－1表 外国為替の基本分類

	仕向為替	被仕向為替
並為替 （取引）	売為替（取引） （例・送金為替）	買為替（取引） （例・支払為替）
逆為替 （取引）	買為替（取引） （例・輸出為替）	売為替（取引） （例・輸入為替）

債務者が外国為替銀行を通じて債権者へ資金を送金する並為替と、債権者が自ら為替を通じて債務者から資金（代金）を取り立てる逆為替とがある。並為替決済方式は貿易外取引や資本取引などに、また逆為替は通常の貿易取引の決済に用いられる。

第5－2表 外国為替の16形態

		仕 向 為 替		被 仕 向 為 替
並為替	売為替	外貨建普通売為替 Demand Draft (D.D.) 外貨建電信売為替 Telegraphic Transfer (T.T.) 邦貨建普通売為替 Home Currency D.D. (H.C.D.D.) 邦貨建電信売為替 Home Currency T.T. (H.C.T.T.)	買為替	外貨建普通買為替 Bills Payable (B.P.) 外貨建電信買為替 Telegraphic Transfer Payable (T.T.P.) 邦貨建普通買為替 Home Currency B.P. (H.C.B.P.) 邦貨建電信買為替 Home Currency T.T.P. (H.C.T.T.P.)
逆為替	買為替	外貨建普通買為替 Bills Bought (B.B.) 外貨建電信買為替 Telegraphic Transfer Bought (T.T.B) 邦貨建普通買為替 Home Currency B.B. (H.C.B.B.) 邦貨建電信買為替 Home Currency T.T.B. (H.C.T.T.B.)	売為替	外貨建普通売為替 Bills Receivable (B.R.) 外貨建電信売為替 Telegraphic Transfer Receivable (T.T.R.) 邦貨建普通売為替 Home Currency B.R. (H.C.B.R.) 邦貨建電信売為替 Home Currency T.T.R. (H.C.T.T.R.)

出所：松本正雄『外国為替の実務』ダイヤモンド社、昭和51年、p.7.

（3）直物為替と先物為替

直物、すなわち現物為替（spot exchange）というのは、外国為替の売買取引で契約成立と同時もしくは翌営業日以内に外国為替とその対価である邦貨との受渡しが行われるものであり、これに対して、先物為替（forward exchange) とは、為替売買取引の契約成立後将来の一定時点において、売買の当事者間で取引上の外貨の幣種、一定の金額、一定の為替相場などをあらかじめ決定した条件で取り引きされるものをいい、為替リスクの回避、持高調整、金利裁定などの操作に利用される。

第4節　外国為替相場

（1）外国為替相場の意義

外国為替相場とは、外国為替手形がその為替取組地において売買される相場であり、一国の貨幣と他国の貨幣との交換比率である。換言すれば、外国貨幣をもって表される一国貨幣の価格であるといえるだろう。この場合、外国通貨との交換といっても、いわゆる通貨の両替を指すのではなく、具体的には、外国為替銀行を通して外国為替手形などと通貨との交換、すなわち外国為替手形の売買であり、その売買価格が外国為替相場となるのである。

（2）外国為替相場の建て方

為替相場の建て方には、外貨建（受取勘定建）と邦貨建（支払勘定建）方法があり、いずれか一方の方式によって建値される。外貨建（rate in foreign currency）とは、自国通貨の一定単位を基準として外国通貨のどれほどを受けるべきかを示す方式で、別名受取勘定建（receving quotation）ともいい、今次大戦前までのわが国が対英、対米の為替相場で、例えば￥100＝＄$23\frac{7}{16}$というように建値されるもので、わが国では戦前は外貨建を用いていたが、戦後は内貨建にかわっている。　外貨建方式は、現在ではロンドン為替市場でのみ使用されている。また邦貨建は、外国通貨の一定単位を基準として自国通貨をどれだけ支払えばよいかを示す建て方であって、支払勘定建（giving quotation）とも呼ばれ、例えば＄1＝￥160というような建て方である。戦前はわが国において対香港、上海、シンガポール宛の為替相場であって、例外的に使用されていたが、戦後になってわが国をはじめ、アメリカ、フラン

ス、西ドイツなどの多くの国々はこの建て方である。

また先物相場の表示方法として、現在わが国では、直物相場同様先物価格をそのまま実数で表示する先物価格表示（out-right forward rate）方式を用いているが、もうひとつの表示方式として一定の平価に対して打歩（プレミアム、premium）、また割引（ディスカウント、discount）を表示する方法で、外国通貨を基準として先物相場が直物相場に比べて外貨先高（円安）となる場合を打歩といい、逆に外貨先安（円高）となることを割引という。外貨建方式を採っているロンドン市場ではこれらと逆の意味になる。

（3）外国為替の種類

1 基準外国為替相場

基準（外国為替）相場（basic rate）とは、一国が他の諸外国に対する為替相場を建てる場合に、まず外国為替の中心となる特定国の通貨（現実には現在基軸としての米ドル）に対して自国通貨の交換比率を決定するが、この時の為替相場を指していっている。このように、米ドルに対して円が結びつけられている状態を指してドルにリンク（link）したという。

2 裁定外国為替相場

現在は現行の国際通貨体制下でのキー・カレンシーとしての米ドルの相場が基準相場となっており、その他の諸国との相場は、その特定国（米ドル）とその他の諸外国との相場、すなわちクロス・レート（cross rate）によって間接的に算出された相場を裁定（外国為替）相場（arbitrated rate）という。かようにして米ドルを中心として、各国はそれぞれの自国通貨を米ドル以外の各国通貨との相場を自動的に裁定することができ

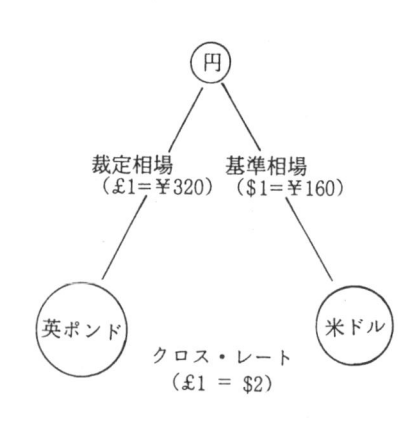

円
裁定相場　基準相場
（£1＝¥320）（$1＝¥160）
英ポンド　　　米ドル
クロス・レート
（£1 ＝ $2）

る。例えば、次のような設例で対ポンド相場を算出してみよう。

$$対米相場 \quad \$1=¥160$$
$$米英のクロス・レート \quad £1=\$2 \text{ とすれば、}$$
$$£1=¥X$$
$$X=160円／1ドル×2ドル／1ポンド=¥320$$

となる。

3　外国為替売買相場

これには、銀行間相場（市場相場）と対顧客相場の二つがある。

(a)　銀行間相場（interbank rate）

インターバンク相場は、市場相場（market rate）といわれるように外国為替市場において各銀行が、対顧客との取引によって生じた自行の為替資金、為替持高の調整を行うために為替取引をする場合に用いる銀行間相互の相場をいう。本相場は、市場での需給関係によって形成される電信相場であり、対顧客相場のように売相場、買相場の区別はない。

(b)　対顧客相場

各為替銀行が一般の顧客に対して建値される相場であり、銀行が顧客に外国為替を売却するときに適用する売相場と買い取る場合に用いられる買相場に大別される。

第5節　外国為替市場

（1）外国為替市場の意義

為替市場とは、外国為替が売買される市場のことであるが、具体的な取引としては、外国為替銀行が輸出入業者などの顧客の申し出に応じた為替の持高を為替ブローカーを通して調整したり、為替相場の安定を目的とした通貨当局の介入などである。証券取引所や商品取引所といったような、具体的な市場を指すものではなく、抽象的な市場を指すものであって、外国為替の需給関係は、市場を構成する為銀と為替ブローカーを結ぶ電話回線やテレック

スを通じて行われる。

　したがって、外国為替市場は自然金融、貿易の中心地に創設されることになる。東京外国為替市場のその形態は、ニューヨーク市場、ロンドン市場など世界の代表的な外国為替市場と同様に、アングロアメリカン方式（テレフォン・マーケット、オープン・マーケット方式）を採用している。またスイス以外のヨーロッパ大陸諸国では公認の立合所があり、株式取引所などの一角に併在している。そこで為替取引が行われた公定相場が決められる。この方式をコンチネンタル方式と呼んでいる。しかし取引の主体は、前者の方式である。

（2）国内市場

　一般に外国為替市場の構成員は、外国為替銀行、公的通貨当局（政府、中央銀行など）、外国為替ブローカー（スイスのように介在しない国もある）などである。わが国の外国為替市場は以前は生糸、綿布の輸出取引などの関係上、大阪と名古屋にもあったが、今はほとんど東京外国為替市場へ集中している。東京為替市場は、外国為替（公認）銀行（authorized foreign exchange bank）、「外国為替外貨資金仲立人協会」のメンバーの外国為替ブローカー9社（日短A・P、東京フォレックス、羽鳥、コバヤシ、マーシャルの専業5社。山根、上田、八木、名古屋などの短資兼業4社）および平衡操作当局（日本銀行）によって構成されており、インターバンク市場といわれている。また広義の意味では、これらに現金や旅行小切手のみを取り扱う「両替商」、「顧客（実需筋、投機筋）」を加えている。

第5－3図　外国為替市場

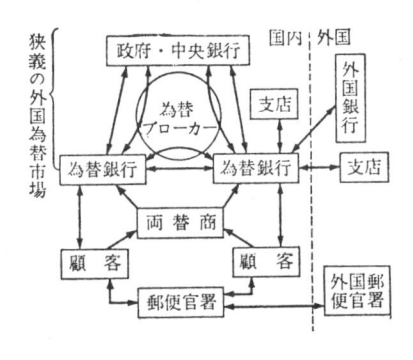

出所：木村滋『外国為替論』有斐閣、昭和52年、p.39.

　東京外為市場では、午前9時より

第4章 外国為替

午後5時ごろまで（土曜日休日）取引が行われており、市場性、交換性のある国際通貨はすべて取引の対象になるが、実際には、米ドルによる貿易や金融取引の決済が圧倒的に多いため、それを反映して市場では米ドル建の取引が圧倒的に多い。取引内容もアウトライト取引（売りまたは買いのいずれか一方の取引）、スワップ取引（同額の外貨の売りと買いを同時に行い為替リスクを回避する取引）とがあり、直物取引（為替の受渡日が取引成立日の翌々営業日以内のものをいう）と先物取引（取引成立日の翌々営業日以降の取引をいう）がある。

（3）海外市場

戦後の国際経済の非常な発展や通信手段の拡張、また主要各国の貿易為替管理の自由化、米国のドル流出によるユーロ・ダラー市場など資金市場の巨大化、国際的短期資本移動の増加などによって、ますます巨大な国境をこえた単一の国際的な為替市場が形成されつつある。各国の有力な為銀のディーラー（Dealer）たちは、テレックス、リースラインなどをとおして時差のハンディをのりこえ活発に取引を行っている。

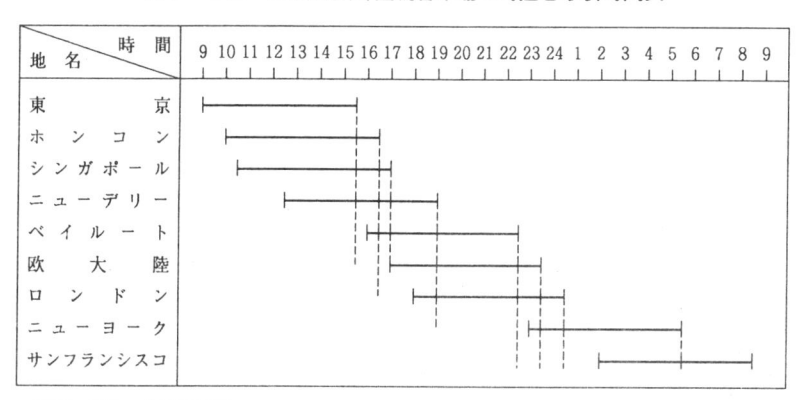

第5－4図 主要各国外国為替市場の時差と取引時間表

地名 \ 時間	9 10 11 12 13 14 15 16 17 18 19 20 21 22 23 24 1 2 3 4 5 6 7 8 9
東　　　京	├─────────┤
ホンコン	├─────────┤
シンガポール	├─────────┤
ニューデリー	├─────────┤
ベイルート	├─────────┤
欧　大　陸	├─────────┤
ロンドン	├─────────┤
ニューヨーク	├─────────┤
サンフランシスコ	├─────────┤

出所：第5－2表に同じ

〔注〕
（1）外国為替理論は、外国為替変動の原因および結果と経済制度についての分析という意味では、スコラ学派の論者、政府の経済専門家、商人などによってすでに16, 17および18世紀の間中に生成、発展したといわれている。P. アインチッヒによれば、例えばそれは、(1)投機または「陰謀」理論、(2)貿易収支説、(3)貸借差額説、(4)正貨現送点メカニズムの理論、(5)物価に対する為替相場の影響に関する理論、(6)需給説、(7)数量説、(8)購買力平価説、(9)交易条件説、(10)利子説などであるとされている。(Paul Einzig, *The Hisitory of Foreign Exchange*, 1962. p.139. 小野朝男他訳『外国為替の歴史』ダイヤモンド社　昭和40年　163頁。)
（2）G.J. Goschen, *The Theoy of the Foreign Exchanges*, 1861. p.5. 町田義一郎訳『外国為替の理論』日本評論社　昭和43年　7頁。
（3）*Ibid.*, pp.11-12. 邦訳11頁。
（4）*Ibid.*, p.15. 邦訳13頁。
（5）同訳書105～106頁（訳者解説）。
（6）千種義人『価格・貨幣・為替の基礎理論』巌松堂書店　昭和17年　285頁。
（7）James W.Angell, *The Theory of International Prices*, 1925.（ここではAugustus kelley. 1965）p.58.
（8）Gustav Cassel, *World's Monetary Problems*, 1921. p.36. 田村敏雄他訳『世界の貨幣問題』日本評論社　昭和3年　35頁。
（9）G.Cassel, *Money and Foreign Exchanges After 1914*, 1922. 笠井正範訳『カッセル貨幣及び外国為替論』富文堂　昭和2年　157頁。
（10）G.Cassel, *op. cit.*, p.37. 邦訳36頁。
（11）千種義人　前掲書　294頁。
（12）G.Cassel, *op. cit.*, p.54. 邦訳53頁。
（13）P. Einzig, *op. cit.*, p.273. 邦訳316頁。
（14）Albert Aftalion, *Monnai, Prix et Change, 1927*. p.290. 松岡孝児訳『貨幣・物価・為替論』有斐閣　昭和29年　293頁。
（15）*Ibid.*, p.293. 邦訳296頁。
（16）*Ibid.*, p.296. 邦訳296頁。

〈参考文献〉
○Paul Einzig, *The History of Foreign Exchange*, 1962. 小野朝男他訳『外国為替の歴史』ダイヤモンド社　昭和40年

第4章　外国為替

○G.J. Goschen, *The Theoy of the Foreign Exchanges*, 1861．町田義一郎訳『外国為替の理論』日本評論社　昭和43年
○千種義人『価格・貨幣・為替の基礎理論』巌松堂書店　昭和17年
○James W.Angell, *The Theory of International Prices*, 1925.
○G.Cassel, *World's Monetary Problems*, 1921．田村敏雄他訳『世界の貨幣問題』日本評論社　昭和3年
○G.Cassel, *Money and Foreign Exchanges After 1914*, 1922．笠井正範訳『カッセル貨幣及び外国為替論』富文堂　昭和2年
○Albert Aftalion, *Monnai, Prix et Change, 1927．*松岡孝児訳『貨幣・物価・為替論』有斐閣　昭和29年
○谷口吉彦『為替理論と為替問題』千倉書房　昭和8年
○村西淳一他『三訂新しい外為法と実務』経済法令研究会　1982年
○木村　滋『外国為替論』有斐閣　昭和52年
○松本正雄『外国為替の実務』ダイヤモンド社　昭和51年
○幸田精蔵編『外国為替論入門』有斐閣　昭和50年
○福井博夫編『新しい外国為替管理法の解説』大成出版社　1980年
○東京銀行編『外国為替の実務』経済法令研究会　昭和56年
○福井博夫編『詳解外国為替管理法』金融財政　昭和56年
○足立　禎『新外国為替論序説』外国為替貿易研究会　昭和44年
○安東盛人『外国為替概論』有斐閣　昭和37年
○岡垣憲尚「外国為替の基礎知識」(『新版外国為替シリーズⅠ』) コンサルタント社　昭和56年
○金融財政事情研究会編『先物為替取引と財務戦略』キンザイ　昭和59年
○原　信『為替リスク』有斐閣　昭和58年
○岡田弘道『外国為替取引百科』金融財政　昭和59年
○大塚順次郎『誰にでもできる為替リスク対策』東洋経済新報社　昭和58年

第5章 貿易取引の実際

　現代のように高度に経済制度の発達した社会では、商取引がたんに一国内にとどまるだけではなく、国際間での取引が頻繁に行われる。このように、一国と他国の間において行われる、すなわち国境をこえて行われるすべての商取引を外国貿易、または単に貿易という。

　市場が世界的に拡大し、取り扱う商品がより多様化するにつれてこの国際間の取引は、一層複雑な知識が必要となり、輸出入従事者としては、一応の知識をそなえていなければなせない。もちろん、国際間の商取引も国内の商取引と根本的に相違するわけではない。異なるとすれば、経済的諸力の働きとともに経済外的諸力によってひき起こされる点であろう。すなわち、言語、風俗、習慣、政治制度、通貨制度等を異にする国と国との取引であり、概して、その取引は長期にわたり、また地理的には遠距離間の取引であり、取り扱われる量も大量な取引を普通とする上で、国内取引とは異なった特色をもっている。

第1節　輸出実務

　貿易取引に関する業務は大別して、輸出業務と輸入業務に分けられるが、実際の輸出入にあたってはいろいろな準備や手続が必要となる。

(1) 輸出取引の準備
　輸出取引業務の準備として、まず第一に必要なことは、適当な売買市場をみつけるために行われるあらゆるデーターでの貿易マーケッティングであり、適当な取引先の選定および信用調査である。

1　海外市場の調査と選定

第5章　貿易取引の実際

　まず輸出をしようとする場合、輸出取引に先だって市場を調査する必要が出てくる。計画性のない輸出はいろいろな意味で危険であり、その危険を回避するために主観的な判断や独断を排除して、できるかぎりの客観的なデータに基づいて調査し選定しなければならない。

(a)　市場の調査（Market Research）

　市場の調査では、できるだけ具体的に、しかも詳細に行うことが望ましい。市場調査の内容は、輸出商品の種類や輸出目的によって異なってくるが、目的の市場における商品の需給関係に関する一般的な経済動向や取引慣習などは不可欠な調査項目であるといってよかろう。一般的市場調査（general market survey）の科学的調査法は、ニューヨーク大学のブラッド教授やその他のものを総合すると次の調査項目があげられる。

(1)　面　　積　　　　　　(6)　1人当たりの国民所得
(2)　気　　候　　　　　　(7)　生活水準
(3)　人口、人種　　　　　(8)　輸出入の実績
(4)　通信、交通　　　　　(9)　電力事情
(5)　通貨、為替　　　　　(10)　一般的景気動向

　次にこれらの調査項目に必要な資料をいかにして入手するかということである。それには現地へ調査員を派遣して実施調査を行う方法や、刊行物、例えば政府や業者団体の作成する統計、業界紙、各国の新聞、雑誌、書籍などを整理し分類しておくこと、あるいはまた、内外の調査機関（JETRO＝日本貿易振興会、日本商工会議所など）に調査を依頼する方法などがあげられる。

(b)　取引先の選定

　市場調査によっていかに有望な市場が選定できたとしても、有力な取引が見出せなければ輸出を拡大することは困難である。そのため確実な信用のできる相手先の発見選定は、輸出業者にとっては重要な課題となる。実地調査することが一番よいのであるが、海外への渡航は容易でないから、現地商社や知人に依頼したり、従来の得意先から紹介を受けたり、また商工人名録

第6-1図 輸出手続系統図

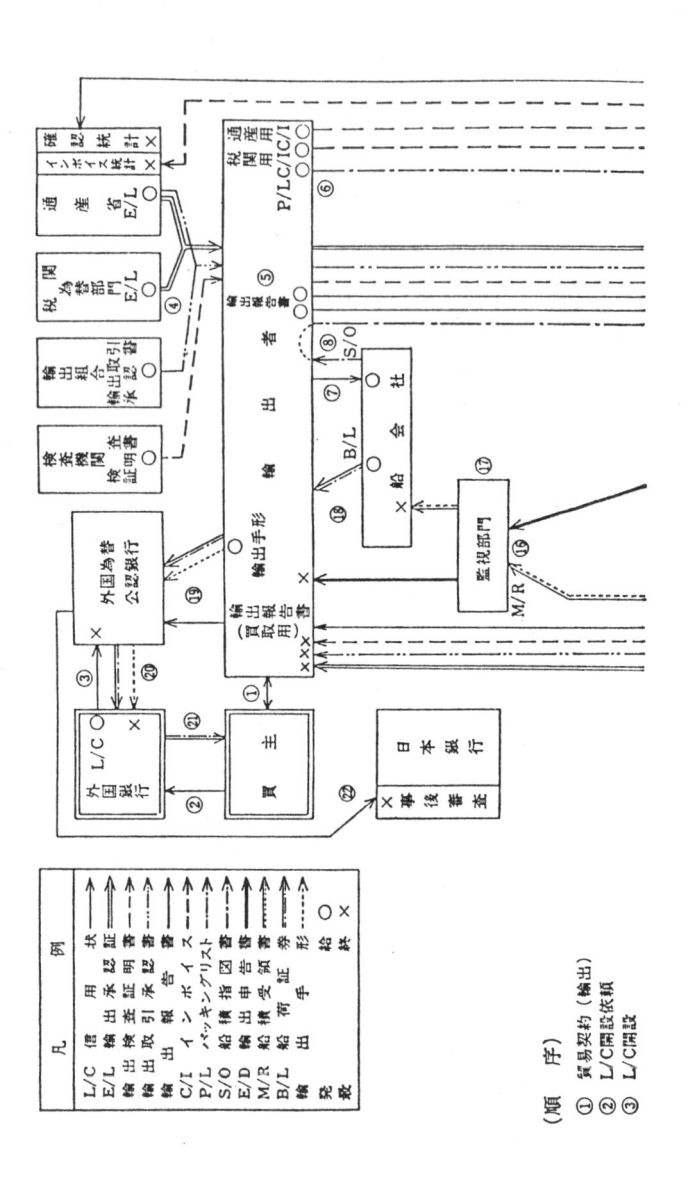

— 102 —

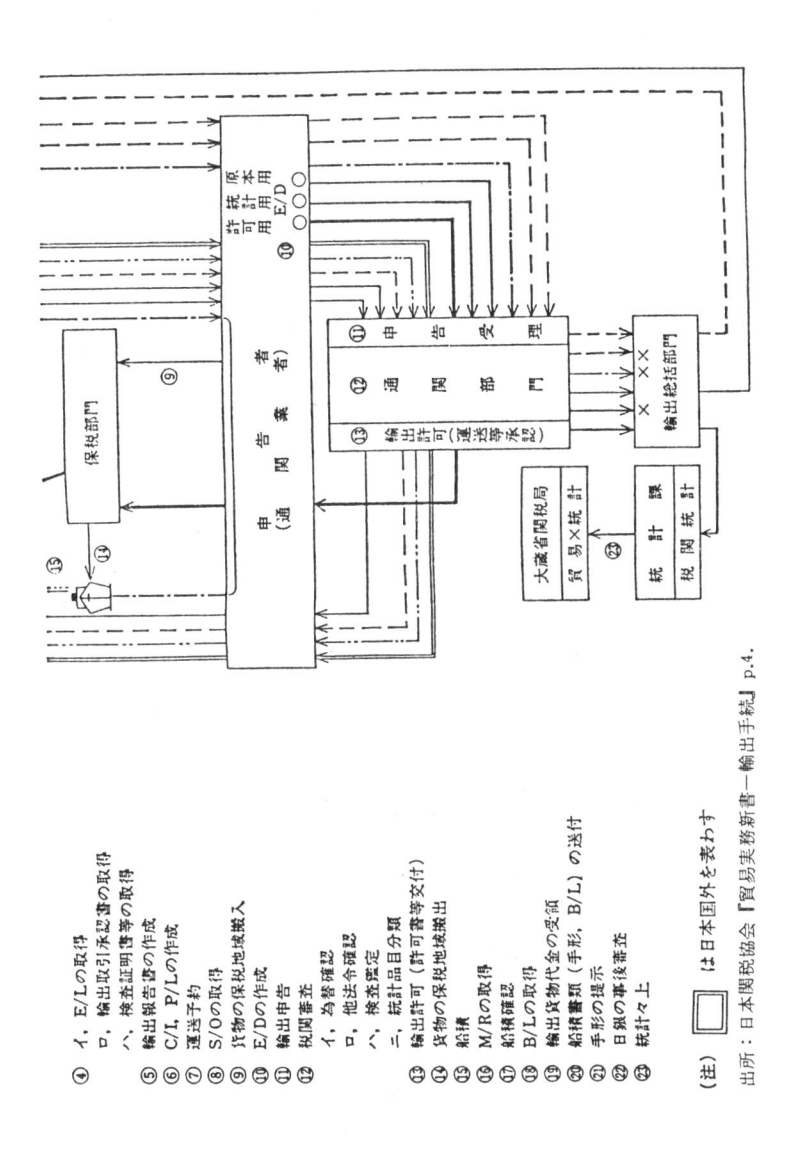

第5章 貿易取引の実際

④ イ，E/Lの取得
　ロ，輸出取引承認書の取得
　ハ，検査証明書等の取得
⑤ 輸出報告書の作成
⑥ C/I, P/Lの作成
⑦ 運送予約
⑧ S/Oの取得
⑨ 貨物の保税地域搬入
⑩ E/Dの作成
⑪ 輸出申告
⑫ 税関審査
　イ，為替確認
　ロ，他法令確認
　ハ，検査査定
　ニ，統計品目分類
⑬ 輸出許可（許可書等交付）
⑭ 貨物の保税地域搬出
⑮ 船積
⑯ M/Rの取得
⑰ 船積確認
⑱ B/Lの取得
⑲ 輸出貨物代金の受領
⑳ 船積書類（手形，B/L）の送付
㉑ 手形の提示
㉒ 日銀の事後審査
㉓ 統計々上

（注） □ は日本国外を表わす

出所：日本関税協会『貿易実務新書―輸出手続』p.4.

(Directory) を利用したりしなければならない。

また領事館、貿易斡旋機関、商業会議所 (Chamber of Commerce)、外国為替銀行 (Foreign Exchange Bank) の海外支店などに紹介してもらう方法もある。

2 信用調査 (Credit Inquiry)

このようにして選定した相手先と取引関係に入る前に、相手方の信用調査を行うことが必要となる。信用調査の方法としては、取引している外国為替銀行 (or 外国為替公認銀行) を通じて、相手方の取引先銀行の意見を聞くのがもっとも一般的である。これを銀行信用照会先 (Bank Reference) と呼び、また相手国と長年取引関係にある業者があれば、これに依頼して相手方を調べてもらうという、同業者を信用調査の照会先とする場合、これを同業者信用照会先 (Trade Reference) という。さらに、専門の信用調査機関 (例えばアメリカのダン興信所＝ Dun and Bradstreet などが世界的に有名) に依頼する方法もある。

調査の内容としては、一般的には会社の設立年月日、資本金の額、店舗の構え、販売高などで相手先の信用状態 (credit standing) を十分詳細に調べておくことである。信用調査の結果、相手先の信用が確実であることがわかれば、そこではじめて取引関係がもたれることになる。

（2）輸出契約の成立

売手と買手の間で取引関係が開かれたならば、実際の取引が行われる前に、取引上最も基礎となる一般的な貿易取引条件を協議し、これを文書にした一般取引条件協定書 (Memorandum or Agreement on Genenal Terms and Conditions of Business) を取り交わしておくのが普通である。

Memorandum of General Terms and Conditions of Business

1. **Business**: This contract in on Principal to Principal basis, and therefore Buyer is responsible for honoring this contract even if another party opensL/C or holds Import License.

2. **Quality**: Seller is to supply Buyer with samples free of charge. Inspection perfomeed under the export regulation of Japan is final in respect to quality and/or conditions of the contracted goods, unless otherwise specified in each contract.

3. **Qunantity**: Minimum quantity for and order is 100 dozen.

4. **Price**: The price (s) is/are on the rate of freight and insurance premium prevailing at the time of accepting the order, and any increase in rate of freight and/or insurance premium at the time of shipment shall be borne by Buyer. The price (s) is/are based on the exchange rate of Japanese Yen, 300per U.S.Dollar. In the event that, before the receipt in full by Seller form Buter of the pride of the goods the rate of exchange shall be changed, Buyer shall be botnd to pay to Seller the additional amount payable in U.S.Dollars that will result therefrom.

5. **Shipment**: The date of Bill of Lading shall be taken as the conclusive data of shipment. Partial shipment and/or transsipment shall be permitted, unless otherwise specified in each contract. Seller shall I not be held responsible for non-shipment or late shipment in whole or in part by reason of Force Majeure or any other circumstances beyond Seller's control. The port of shipment shall be Seller's option.

6. **Payment**: Drafts shall be drawn at sight under Irrevocable L/C to be opened in favor of Seller immediately upon contract.

7. **Claim**: Any claim by Buyer must be made in wriring within 10 days after the final discharge of the goods at destination. Any claim beyond the amicable adjustment between Seller and Buyer shall besettled by arbitrationin Tokyo, in accordance with Commercial Arbitration Rules of the Japan Commercial Arbitration Association.

8. **Trade Terms**: The trade terms shall be governed and interpreted by the provisions of Incotems, 1953.

（石田貞夫著『貿易取引の実務』実教出版。35～36頁。）

1　引合い（＝買申込み、Inquiry）とオファー（＝売申込み、Offer, 乙波）

取引先が決定すれば注文を受けるために、輸出業者は買手の要望に応ずるためにたえず案内状、資料などを発送し、好機をとらえるのが通常である。しかし、買手が売手にカタログ（catalog）、見本（sample）や価格表（price list）などを請求したり、問合せをして売手に売申込みを促すことが近年多くなったきている。これを引合いという。

買手から引合いがあって、買手の条件や希望が明確になると、売手はこの条件を検討した上で、相手方に売り込みの申込みをする。これがオファー（Offer）である。この場合、買手の承諾期間を指定し、その期間内に返事することを条件としたファーム・オファー（Firm Offer: 確定売申込み）が一般的である。これは承諾回答期限が経過すれば、Offerは無効となる。売手側の売オファー（Selling Offer）に対して、買手側が承諾すれば、ここに輸出契約が成立する。このような申込、承諾（Acceptance）のやりとりは、通常商用暗号による国際電報もしくはテレックスで行われる。

これに対して、海外の取引先から、その条件には承諾できないが、他の条件では承諾できるむねの、または条件変更したい場合、条件付き引き受け、すなわち反対の申込み、カウンター・オファー（Counter Offer）があった場合、売手側が承諾したと返電すれば商談は成り立つ。

この場合、契約の内容を明記した文書を売手側と買手側との間で取り交わしておかねばならない。通常売買契約書（Sales & Purchase Notes）や契約書（Contract）を交換する。

（3）発注と受注

輸出契約が成立すると、一般に海外の輸入業者あるいは需要者等によりその内容を確認するために注文書（Oeder Sheet）を売手あてに送付し、売手はこれを確認して注文請書（Sales Note）を買手に送付する。そして売手に発注が行われ信用状（Letter of Credit; L／C）が開設されてくる。

第5章 貿易取引の実際

　輸出業者は契約に従って所定の期限に遅れないように契約品を準備しなければならない。もちろん契約条件と一致した品質、数量包装等について十分留意する必要がある。特に包装については、運送途中において、損傷もしくは腐敗しないように慎重な荷作りをする必要がある。貨物の外装には、取り扱い便利なように種々のマークがつけられる。また商品によっては、包装明細書（Packing List）をつけなければならない場合もある。

（4）船積みの手配

　貿易取引において、だれが本船手配をするかは、国際慣習によって、C・I・F系統契約の場合には、売手が、またF・O・B系統では輸入業者が行うことになっている。（F・O・B系統契約の場合、売手が買手にかわって手配することが現実には多い。また実際には海運業者が代行する。）

　したがって、C・I・F系統の契約の場合、売手は積荷船積を確保（space booking）し、船積申込書を提出して、船会社から本船船長あてに貨物の積み込みを命令した船積指図書（Shipping Order; S／O）の交付を受ける。

（5）通関および船積手続き

　輸出業者は他方で銀行の認証（Bank Certificate）をとりつけるために輸入業者から送付された信用状を添えて輸出申告書（Export Declaration; E／D）を為替銀行に提出し、認証を受けてから、税関（Custom House, Customs）手続きをとる。すなわち、通常の輸出取引では、銀行の輸出認証と税関の輸出許可（Export Permit）だけで船積みができる。

　輸出許可書を、船積指図とともに本船に提出する。そして積み込み作業が完了すると、本船側から、本船積荷受取証（Mate's Receipt; M／R）が交付される。そして、これと引き換えに船会社から貨物代表証券として船荷証券（Bill of Lading; B／L）[1]を受領する。またC・I・F系統の契約では輸出業者は船積前に海上保険業者に輸出貨物に対する海上保険契約の申込みをしなければならない。

(6) 船積書類の作成と準備

　輸出業者は、輸入業者あてに貨物明細書あり、同時にまた代金請求書を兼ねた計画書である送り状（Invoice）をみずから作成し、さらに保険会社から海上保険証券（Marine Insurance Policy）を受け取り、これに船荷証券を加えて、船積書類（Shipping Documents）を構成する。

　その他の船積書類として、例えば輸出貨物が確かにその輸出国で生産されたものであることを証明する原産地証明書（Certificate of Origin）あるいは重量容積証細書（Certificate or List of Weight and/or Measurement）、検査証明書（Inspection Certificate[2]）、税関送り状（Customs Invoice[3]）、輸入貨物の通関に際して特に税関用として作成される。また領事送り状（Consular Invoice[4]）、さらに荷造明細書（Packing List[5]）、などが補足書類として船積書類に含まれることもある。

〔注〕
（1）航空便にての貨物の輸送の場合には航空会社の発行する航空貨物運送付（AirWay Bill）が、これに相当する。
（2）検査証明書──輸出検査法（昭和32年法律第97号）に基づいて行われる輸出検査に合格した場合に、合格した貨物についての表示とは別に、政府機関では、貨物が輸出検査に合格した者の検査証明書を交付する。指定検査機関の場合も、輸出検査申請書の請求があれば同様の証明書を発行してくれる。
（3）税関送り状──米国、カナダ、オーストラリア、ニュージーランド、南アなどの諸国へ輸出する場合に、領事送り状にかわる書類として、この税関送り状が要求される。
　　これは輸入先の税関用に輸入者が作成するもので、輸入地の税関が、輸入貨物に対する適正な課税価格を決定する場合の資料となる。内容は、商業送り状とほぼ同じであるが、領事その他の査証は必要としない。
（4）領事送り状──領事送り状が要求されるのは、主として中南米、東南アジア諸国への輸出の場合である。これらの地域は、貿易取引の経験や商業道徳面に欠けるところもあるので、輸入地における関税取締りを徹底させるためにも必要なものである。また、これは、領事送り状査証料（Consular Fee）を輸出者から徴収できるので、輸出国所在の自国領事館を運営するためにも役立つ。

領事送り状が船積書類として要求された場合は、輸出者は船積完了とともに、当該国の在輸出国領事館へ出向き、領事館の指定した書式に必要事項を記入し、査証料を支払って領事の署名をうける。この際、船荷証券や輸出申告書、あるいは原産地証明書などが船積したことの証拠書類として要求されることがある。こうした手続きは、輸出者に過重な負担をかけることにもなるので、ガットもこの制度の廃止を勧告している。

（5）荷造証明書——荷為替取り組み時には、とくに要求のない限り必要はないが、買手または税関が積荷を照会する場合に商業送り状（Commercial Invoice）の補足書類として要求する場合が多い。これには注文番号、荷印、各梱包の箱番号、各箱ごとの内容明細、正味重量、総重量、才数などが記載される。
（石田貞夫編『基本貿易用語辞典』白桃書房を参照）

（7）輸出代金の決済

　船積書類が整備されると、輸出業者は輸入業者（輸入地）の信用状発行銀行を支払人として、自己の取引銀行を受取人とた為替手形（Bill of Exchange or Draft）を振り出し、この手形に信用状と船積書類とを添えて取引銀行に提示し、銀行では書類に不備がなければ荷為替手形を買い取って輸出業者にその代金を支払う。これを荷為替の取組という。

第2節　輸入実務

　輸出と輸入とは、表裏一体の関係にあり、取引先の選定、取引条件の協定、売買契約の締結など買手と売手の利害関係の相違はあるが、実務的な諸手続きは、それほど相違するものではない。
　輸入は、わが国では従来から国民経済の立場からみて、経済の安定を害することを恐れて承認制（Licensing System）をとっている。例えば、『外国為替及び外国貿易管理法』（通称「外為法」という）の第52条（輸入の承認）によれば「外国為替及び国民経済の健全な発展を図るため、貨物輸入しようとする者は、政令で定めるところにより、輸入の承認をうける義務を課せられることがある」と規定している。しかし、昭和35年の輸入自由化（自由化

率44％）以来、引き続き自由化の波によって輸入は大幅に開放的になり、乗用自動車が自由化された昭和44年時点で自由化率は93％強となった。そのため、ほとんどの貨物は、輸入の承認の必要がなくなり、1980年には外国為替公認銀行（authorized foreign exchang bank）へ所定の事項の届出を行う輸入届出制も廃止された。

（1）輸入の承認

外国為替公認銀行に輸入承認申請書を提出して、輸入の承認を受けなければならない場合がある。

輸入割当制度（Import Quota System, I・Q制）は従来の外貨資金割当制度（Fund Allocation System, F・A制[1]）が輸入貨物代金の支払に要する為替金額そのものを抑えるという形態をとっている点で経常的支払制限を構成するものであり、八条国としてふさわしくないというIMF事務当局の判定に従い、廃止されることとなったが、国内産業政策、通商政策等の理由からする品目別の輸入制限は、なお存続する必要があるので、従来の外貨資金割当制度にかえて貨物の輸入そのものを数量ベースで調整することを目的とする輸入割当制度が設けられた。

通商産業大臣は輸入割り当てを受けるべき貨物の品目を定めてこれを公表する。いわゆる輸入公表であり、従来どおり、ネガティブ・リストの方式により「非自由化品目表」として公表される（平成2年9月現在、非自由化品目数は、関税率表分類で31品目となっている）。輸入公表（通産省広報、通商弘報）により輸入割当品目（非自由化品目）として定められた貨物を輸入しようとする者は、通商産業大臣に申請して輸入割り当てを受けた後でなければ外国為替公認銀行の輸入承認を受けることができない。

通商産業大臣は、輸入割り当てを行ったときは、割り当てを受けた者に輸入割当証明書を交付する。輸入者は、この輸入割当証明書を添えて外国為替公認銀行に輸入承認の申請をすることになる。

第5章　貿易取引の実際

〔注〕
（1）この制度は、主要食糧、石油、石炭、鉄鉱品などの重要物資の輸入を確実にするためにとられたもので、これらの品目についてあらかじめ外貨資金の枠が発表される。輸入業者は、この範囲内で通産省から外貨資金の割り当てを受け、割当証明書をもらい、それをつけて政府の代行機関である外国為替銀行に輸入承認を求めたものである。

（2）**輸入報告**

輸入貿易管理規則第10条の規定により貨物を輸入しようとする者または輸入した者は、同規則の定める様式による輸入報告書1通を、当該輸入貨物代金支払等にかかわる外為銀行を通じて、通産大臣に提出しなければならない。この報告書の機能は、輸入の先行指標となる輸入報告統計と為銀を通じての支払確認である。

報告書の作成は、原則として船積みごとに行われるが、輸入承認の必要なものは、輸入承認証ごとに、また事前確認の必要な貨物については、事前確認証ごとに作成される。

提出時期は、輸入割当品目を輸入しようとする場合で銀行の承認にかかわるものについては、輸入承認申請時に当該輸入承認申請銀行を通じて行い、その他のものについては、当該輸入に係る代金の決済のための信用状の開設依頼、取立手形の引き受け、送金為替の送金依頼、要求払手形の交付依頼または居住者間の決済の場合の相手方の口座へ振り込み依頼等を行う時に当該信用状の開設依頼等をする銀行を通じて行うことになっている。（『これからの輸入』通産省貿易局輸入課　68ページ）

（3）**無為替輸入**（代金決済を要しない貨物の輸入）

無為替輸入とは、外国からの贈与による輸入、委託加工貿易契約による原材料の輸入、または代金を国内において円貨で支払う輸入のように、外貨の支払いを伴わない輸入をいう。この場合従来各品目ごとに通産大臣や税関長などの事前許可が必要であったが、昭和55年12月1日からこの承認制が廃止

第6-2図 輸入手続系統図

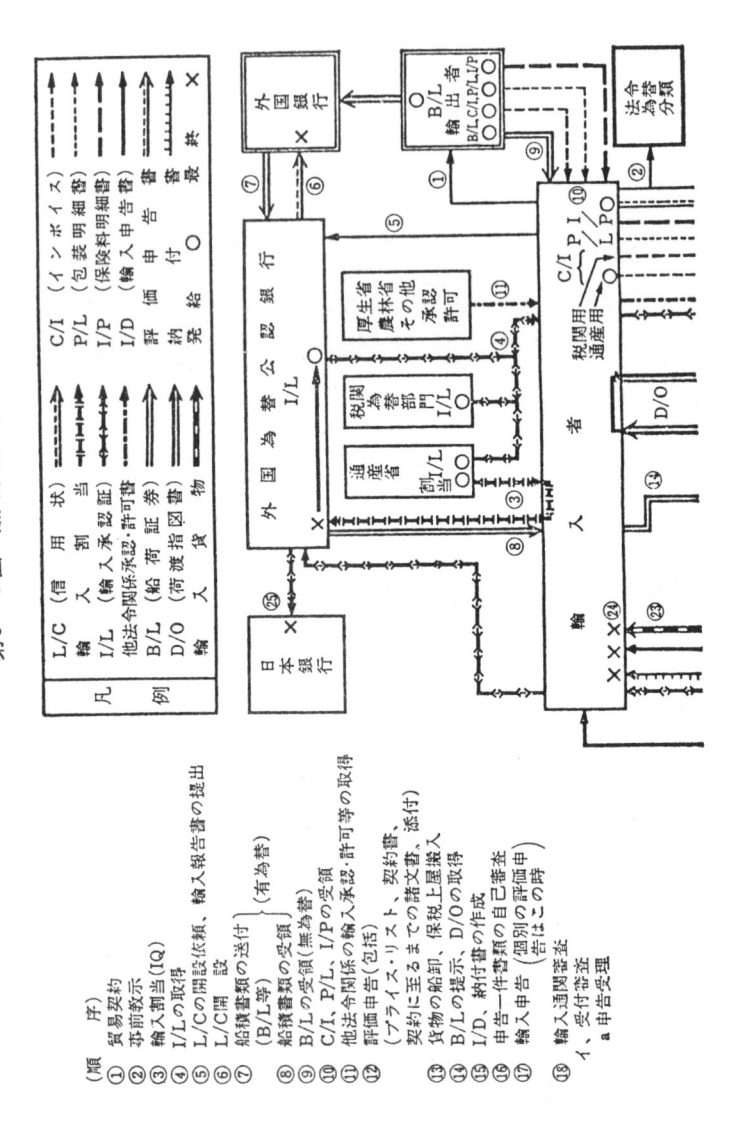

凡例:
- L/C (信用状)
- I/L (輸入承認証)
- 他法令関係承認・許可書
- B/L (船荷証券)
- D/O (荷渡指図書)
- 輸入
- C/I (インボイス)
- P/L (包表料明細書)
- I/P (保険料明細書)
- I/D (輸入申告書)
- 評価申告書
- 納付書
- 発給
- ×最終

(順序)
① 貿易契約
② 事前教示
③ 輸入割当(IQ)
④ I/Lの取得
⑤ L/Cの開設依頼、輸入報告書の提出
⑥ L/C開設
⑦ 船積書類の送付 (B/L等) (有為替)
⑧ 船積書類の受領
⑨ B/Lの受領 I/Pの受領 (無為替)
⑩ C/I、P/L、I/Pの受領
⑪ 他法令関係の輸入承認・許可等の取得
⑫ 評価申告(包括)
⑬ 契約に至るまでの諸文書、添付 (プライス・リスト、契約書、
⑬ 貨物の船卸、保税上屋搬入
⑭ B/Lの提示、D/Oの取得
⑮ I/D、納付書の作成
⑯ 申告一件書類の自己審査
⑰ 輸入申告 (個別の評価申告はこの時)
⑱ 輸入通関審査
 1、受付番査
 a 申告受理

— 112 —

第5章 貿易取引の実際

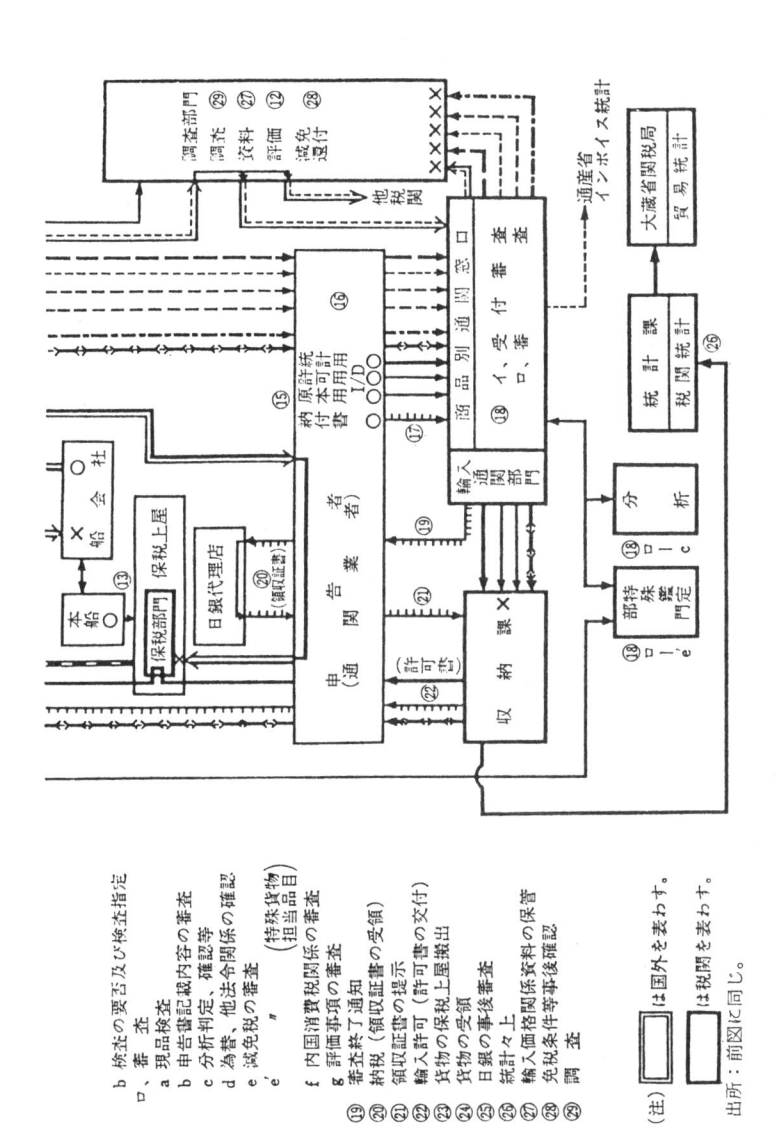

b 検査の要否及び検査指定
ロ、審査
a 現品検査
c 申告書記載内容の審査
d 分析判定、他法令関係の確認
e 為替、他法令関係の確認
e′ 減免税の審査
f 〃 (特殊貨物担当部門)
g 内国消費税関係の審査
⑲ 評価終了通知
⑳ 納税(領収証書の受領)
㉑ 領収証書の提示
㉒ 輸入許可(許可書の交付)
㉓ 貨物の保税上屋搬出
㉔ 貨物の受領
㉕ 日銀の事後審査
㉖ 統計々上
㉗ 輸入価格関係資料の保管
㉘ 免税条件等事後確認
㉙ 調査

(注) ▭ は国外を表わす。 ▭ は税関を表わす。

出所：前図に同じ。

― 113 ―

され、自由に行うことができるようになった。

（4）輸入総代理店制度

　輸入総代理店とは、輸入総代理店契約に基づいて、わが国における当該商品の一手販売権を有した輸入業者である。本制度のメリットは、輸出者が単一の輸入者との取引だけで多数の業者との取引をせず、商品の販売を一点に集中することができることである。また輸出者側にすれば、市場参入を考える上で輸入総代理店のもっている流通機構、販売能力、マーケティング機能などを利用できることもある。輸入総代理店にとってのメリットは、継続的に当該商品の一手販売の権利が保証されていることである。またさらに、ユーザーにとってみれば、高級な外国製品の安全性や保証またアフターサービスの点においても安心して購入することができるというメリットもある。　しかし、このようなメリットのある輸入総代理店制度も、その反面色々な問題点があることも確かである。例えば輸入総代理店が、一手販売の権利を得たとしても、商品販売に努力をはたさず、またそれを実行しないなどの場合、輸出者はわが国自体の貿易政策に問題点があるのではないかとの誤解を与える。また一手販売という立場でかなり高価な小売値を建てることがあり、消費者にとっては関税の引き下げが行われたにもかかわらず、手に入りにくさは以前と全く変わらないことになる。この点で行政面から昭和47年10月1日から真正商品の並行輸入が認可され、さらにその年11月には「輸入総代理店等に対する監視、規制の強化について」が公正取引委員会から提出されることになった。またその後「輸入総代理店契約等における不公正な取引方法の規制に関する運用基準」を作成し、輸入取引の明確化を図るとともに公正な競争を促進する方向を定めている。

（5）並行輸入

　並行輸入とは、輸入総代理店契約を結んでいる輸出入業者が取り扱っている真正商品について、総代理店契約を締結していない他の輸入業者が、その

第5章 貿易取引の実際

並 行 輸 入

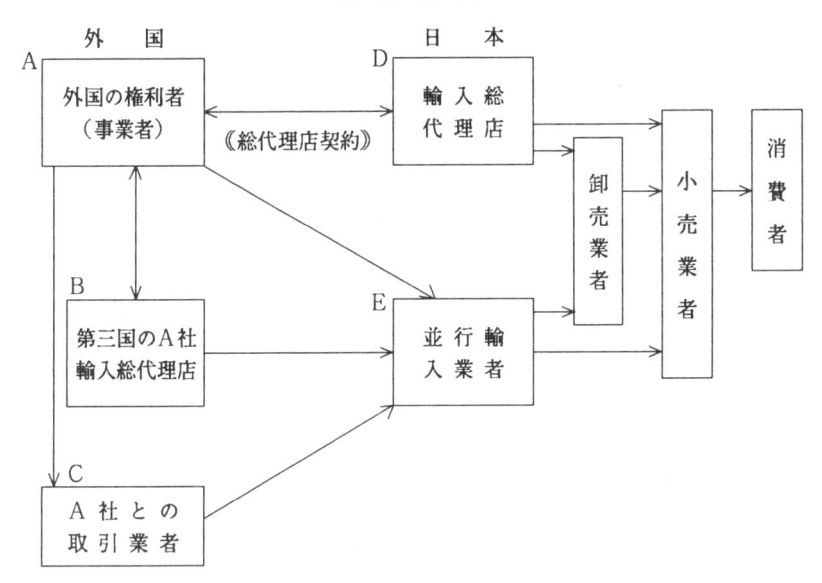

```
       外    国                 日    本
A ┌─────────────┐   D ┌─────────┐
  │ 外国の権利者 │←──→│ 輸入総   │───┐
  │ （事業者）   │《総代理店契約》│ 代理店   │   │
  └─────────────┘     └─────────┘   │
        ↕                              │
B ┌─────────────┐   E ┌─────────┐   ├→卸売業者→小売業者→消費者
  │ 第三国のA社 │────→│ 並行輸   │───┤
  │ 輸入総代理店│     │ 入業者   │   │
  └─────────────┘     └─────────┘   │
        ↓                    ↑         │
C ┌─────────────┐            │         │
  │ A社との     │────────────┘         │
  │ 取引業者    │──────────────────────┘
  └─────────────┘
```

契約権のある当事者以外の輸出者から、その真正商品を輸入することである。関税定率法第21条（輸入禁止品目に関する規定）第4号に商標権その他の無体財産権の記載があり、輸入総代理店は、この規定を立てに第三者の並行輸入は商標権の侵害になるとして、税関長に輸入差止請求を申し立てが可能であった。

しかし内外の状況の変化により、本法の再検討が行われ、昭和47年10月1日以後真正商品の並行輸入は、原則としてわが国の商標権の侵害とはならないものとして取扱われることになった。真正（ほんもの）商品の並行輸入は、誰でも自由に行えるように指導されている。主なる商品は、ハンドバック、ネクタイ、香水、化粧品、万年筆、ライター、腕時計、眼鏡、光学機器、楽器、レコード、運動用品（ゴルフ、テニスなど）、はき物、洋酒（ウィスキー、ブランデーなど）、自動車などがある。

公正取引委員会は、並行輸入に対する不当阻害行為に対してそれを防止する上で次のような運用基準のガイドラインをもうけている。

1）並行輸入業者に対する販売の制限
2）販売業者による並行輸入品取り扱いの制限
3）並行輸入品を取り扱う小売業者への販売制限
4）並行輸入品の販売妨害
5）並行輸入品の買占め
6）並行輸入品の修理等の拒否
7）並行輸入品の広告宣伝活動の妨害

などが列挙されている。

 (6) 個人輸入

　個人輸入とは、通常外国製品を一般の流通チャネルを経由せずに、海外のメーカーなどから直接に自ら利用することを目的として購買することであるといえるだろう。個人輸入のメリットは、国内の直接的な流通マージンがかからないことや円高還元効果が直接享受でき、安価で外国製品が手に入ることである。総価額500万円以下の個人用貨物であれば、輸入令別表第1号の貨物として取り扱われ、また500万円以上のものの場合には、その量的基準によって認めることにしている。例えば対象品目をあげれば次のようである。自動車、ヨット等は各1台、家具、応接セット等は各1セット、毛皮コートは2着、時計は3個、香水6オンス、宝石類3点、楽器は各1台などとなっている。

　また個人輸入は、利益も大きいが次のような問題も発生する。
1）信頼できる輸出者を見分ける上での困難
2）諸経費や運賃などが大口取引とちがって割高になる
3）クレームの処理問題。例えば、色、柄、サイズなどが実際には注文とは異なっている

などの処理方法の問題である。

第5章　貿易取引の実際

カタログによる個人輸入

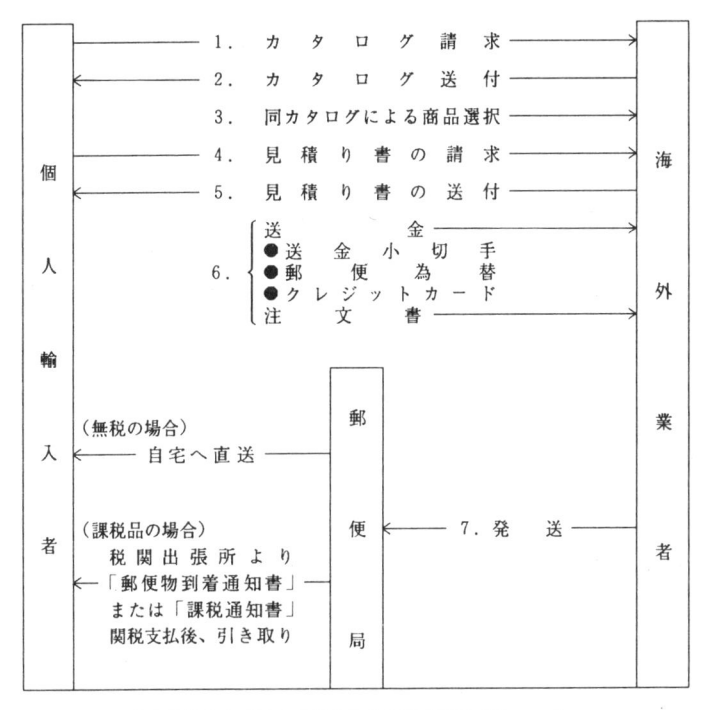

```
個人輸入者 ────────────────────────── 海外業者
    ├─── 1. カタログ請求 ───→
    ←─── 2. カタログ送付 ───┤
    ├─── 3. 同カタログによる商品選択 ──→
    ├─── 4. 見積り書の請求 ───→
    ←─── 5. 見積り書の送付 ───┤
    6. ┌ 送金
       │● 送金小切手
       │● 郵便為替
       │● クレジットカード
       └ 注文書 ─────────→

（無税の場合）
 ←── 自宅へ直送 ── 郵便局

（課税品の場合）
 税関出張所より
←「郵便物到着通知書」─郵便局 ←── 7. 発送 ──
 または「課税通知書」
 関税支払後、引き取り
```

出所：通商産業調査会『輸入手続Q＆A』平成元年 287ページ。

（7）信用状

1　信用状の開設

　輸入契約が成立すると、輸入業者は、取引を円滑に行うために、自己の取引銀行に依頼して信用状（Letter of Credit: L／C）の開設を受け、これを輸出業者に送付する。

　信用状を開設する場合には、前もって輸入業者は取引銀行に商業信用状約書（Commercial Letter of Credit Agreement）などの基本的な書類を差し入れなければならない。さらに信用状開設依頼書（Application for Commercial Letter of Credit）に必要事項を特に信用状の種類、必要とする船積書類、枚数など契約で取り決めた条件を正しく記入して2通提出する。輸入業

者から信用状の開設の依頼を受けた銀行は、信用状の開設銀行（Ooening Bank or Establishing Bank）、また発行銀行（Issuing Bank）として取消不能信用状の場合はこれを受益者（通常、輸出業者）に通知し、輸出業者が船積み後に振り出す荷為替手形の引き受け支払いの業務を負う。

2 信用状の種類

(a) 取消不能信用状と取消可能信用状

取消不能信用状（Irrevocable L／C）とは発行銀行が、いったん信用状を発行してこれを受益者に通知した以上は、その有効期間中、開設依頼人、輸出業者、銀行など利害関係者全部の同意がなければ発行を取消（Cancel）したり、条件を変更（Amend）することが認められないものをいう（荷為替信用状に関する統一規則および慣例第3条）。そのためには特に取消不能であることを明示しておかねばならない。その明示がなければ、取消可能とみなされる（信用状新統一規則第7条c項）。わが国の為替銀行が発行する信用状は、原則として取消不能信用状である。

これに対して取消可能信用状（Revocable L／C）の場合、開設銀行は原則としていつでもその信用状を取消し、または変更できるものである。これは輸出業者にとつては危険であり、機能的価値は低い。そのため、輸出業者としてもっとも望ましい信用状は取消不能信用状であるから、輸出業者は外国の輸入業者に、この種の信用状を出すように要求するのが普通である。

(b) 確認信用状と無確認信用状

確認信用状（Confirmed L／C）は、確認取消不能信用状のことで、一般の取消不能信用状に確認という行為を発行銀行以外の銀行が、輸出業者振出の手形の支払いを確約するものである。したがって、確認信用状は発行銀行と確認銀行として通知銀行の二重の支払保証が付いていることになる。特にあまり知れわたっていない地方銀行が発行した信用状は確認信用状を要求する。かくのごとき確約のないものを無確認信用状（Unconfimedr Credit）と呼んでいる。

(c) 譲渡可能信用状（Transferable L／C）

これは信用状の権利つまり手形振出の権利を第三者に譲渡することを認めた信用状で、この信用状は一回かぎりを原則とし、再譲渡は許されないが、分割譲渡は認められる。

信用状の譲渡といっても、手形などの流通証券のように、信用状が譲渡により転々と多くの人びとの手に移っていくのではない。信用状発行依頼人（買い主）にとっては、自己が信頼する受益者（売り主）が選択した第三者まではよいのであるが、その第三者がさらに他の者に譲渡するようではどのような船積みをした書類を送ってくるか不安である。そこで、信用状統一規則は、譲渡可能信用状の譲渡は一回限りしか行えないという規定を設けたのである。

これに対して、譲渡を認めないものを譲渡不能信用状という。信用状に譲渡可能と明示されていないものは譲渡不能とみなされる。

（8）輸入代金の決済

輸出地の外国為替銀行が買い取った手形は、信用状発行銀行に送られるから、輸入業者は、その銀行に手形代金を支払って、船積書類を受け取る。しかし、期限付手形に引渡しの表示がしてある場合には、輸入業者は手形の引受をするだけで船積書類を入手することができる。

（9）輸入通関と引き取り

本船が入港すると、船会社から通知を受けた輸入業者は、船荷証券を裏書きの上提出して、荷渡指図書（Delivry Order; D／O）の交付を受け、これを本船に差し出し、輸入貨物を税関の指定する保税地域に陸揚げする。そして輸入業者は、輸入申告書に輸入承認証、送り状等を添えて税関に提出し、輸入貨物に対する税関の検査を受け、課税貨物については関税を納付して輸入許可書の交付を受ける。この許可書を現場税関吏に提示して、先の輸入貨物を保税地域から引き取ることになる。もちろん陸揚げされた輸入品は、輸入上の管理関税、内国税の徴収、防疫などの点において厳重に検査が行われ

ることはいうまでもない。

第3節　貿易の取引条件

　貿易の取引条件は、特に国際間では各国それぞれ種々の商慣習や解釈があるため、これに対する充分な知識をもっていなければ、貿易上の実務を円滑に行うことができない。したがって、貿易に携る人びとは特に基準となるべき取引上の諸条件を確実なものとし把握しておかなくてはならない。
　もちろん、輸出業者と輸入業者との間で取引関係が開かれたならば、実際の取引が行われる前に両者の間で取引上で最も基準となる貿易条件、すなわち、一般取引条件協定書を協定しておかなければならないことは先に述べた。この協定書の内容は、普通貨物の品質、数量、価格、船積保険、決済、クレームなどの七つの取引条件を基礎として構成されており、個々の取引において契約書を作成する場合に、またその取引で発生した種々の問題を解決する場合にこれを基準としてなされるのである。

　（1）品質条件（Quality Terms）
　国内取引であれば、少なくとも買手は現物を見ることが可能であるが、国際間における貿易取引にあたってはなかなかそれができないため、いかに品物の品質を相手に知ってもらうかが問題になる。
　　(a)　見本売買（Sale by Sample）
　　(b)　商標、銘柄、または記述した標示あるいは明細記載による売買
　　　（Sale by Trade Mark or Brand, Sale by Description, Sale by Specification）
　　(c)　標準物または規格品による標準売買（Sale by Standard）
　　(d)　規格品売買（Sale by Grade）

第5章 貿易取引の実際

(a) 見本売買

見本による売買は、製造加工品の場合特にそれが規模の大きなものでない限り、実際の品物を手に取ってみて、その品質、形状などを査定することが必要である。見本による売買は、売手が買手に送付する売手見本（Saller's Sample）、買手が希望する商品の見本を売手あてに送付する買手見本（Buyer's Sample）、またメーカー側や仕入先のつごうにより売手が買手見本に類似したものを買手に送付して承諾を得たり、その売手見本に買手が修正して売手に送付する見本をカウンター・サンプル（Counter Sample）という。

また用途別の分類では、品質見本（Quality Sample）、色見本（Colour Sample）、柄（Pattern, Design）、船積見本（Shipping Sample）などがある。

(b) 商標、銘柄、または記述した標示あるいは明細記載による売買

世界市場で十分に知れわたっている商標（Brand）や銘柄（Trade Mark）は、それ自身が商品の品質を決定する。例えば、ウイスキーのJohnie Walker（英）、Cutty Sark（英）、ライターのS.T.Dupont（仏）、靴のMerelli（伊）などは、その商標などを聞いただけで品質がわかる。

また機械・器具などのような商品は、より詳細な仕様書（Specification）を作成し、商品の品質を保証すべく十分な商品カタログを添えておく。

(c) 標準物売買

これは、実際には現物見本で取引できないもの、たとえば製造予定の商品や未収穫の農産物などの場合、通常の専門機関によって選定された標準品（Standard type Sample）、すなわち、見本や銘柄を使えない場合、品質を約定する基準として利用される公定または約定の見本類似品を取引の基準としている。標準品質を表示する方法として次の二つがある。

① 平均中等品質条件（F.A.Q; Fair Average Quality Terms）

綿花、小麦などに多い取引であり、現物が同種商品の中で平均した中等品質であるということを示す条件である。

② 販売適性品質条件（G.M.Q; Good Merchantable Quality Terms）

現品が取引上適正な品質であることを売手が買手に保証する条件、主に冷凍魚や原木などの商品の場合に適用される。

(d) 規格品売買

規格番号を表示することによって取引する場合の商品の品質を決定する。日本のＪＩＳ（Japanese Industrial Standard），イギリスのＢＳＳ（British Standard Specification）などがある。

なお、商品にとっては、輸送途中で変質する場合があるので、品質を場所および時によって定めた条件が必要となる。通常二つの条件がある。

① 積出し品質条件（Shipping Quality Terms）

当該商品の品質が積出時期に契約条件と一致することを内容とし、輸送中に品質に変化が起こったとしても売手は責任を負わない。

② 陸揚げ品質条件（Landed Quality Terms）

当該商品の品質を陸揚げ時期においてまでを約定することを条件とする。陸揚げまでの輸送中の変質は、売手が責任を負う。

（２）数量条件（Quantity Terms）

取引において用いられる数量単位は次のようなものがある。

(a) 重量（Weight）

原材料、鉄鉱石、農産物などの取引は、重量で行われ重トン（Long ton, 英トン＝2,240ポンド）、軽トン（Short ton, 米トン＝2,000ポンド）、メートル・トン（Metric Ton≒2,204.6ポンド）それぞれ異なることに注意を要する。

(b) 容積（Measurment）

木材、原木や油類の取引単位として用いられる。木材の場合、ボードフィート（Board Foot）が単位となる。また原油は、バーレル（Barrel；1バーレル＝約158.9ℓ）を単位とする。

(c) 長さ（Length）

糸、繊維類、電線などの取引単位は、メートル（Metre）、ヤードを用いる。

(d) 個数（Number）

一般に雑貨類などは個数を単位で取引される。個(piece)、ダース(dozen)、セット(set)、グロス(gross, 1グロス＝12ダース)、グレートグロス(great gross, 1グレートグロス＝12グロス)、スモール・グロス(small gross, 12個×10＝120個)がある。

　(e) 包　装

木箱(case)、袋(bag)、俵(bale)、缶(drum)などが用いられる。

　(f) 面　積

ガラス、合板などの取引単位の場合に用いられる。sft(square foot)が基準数量となる。

また、契約の数量を場所および時期により定めた条件として次のものがある。これは、特にバラ積み大量貨物取引に用いられる条件である。

①積出し数量条件(Shipped Weight Terms; Shipped Weight Final)

　　当該取引商品の数量を船積時の査定による数量とする。輸送の途中で減量しても売手の責任はない。

②　陸揚げ数量条件(Landed Weight Terms)

　　当該取引商品の数量を陸揚げ時の査定による数量によることを条件とする。積出し後の運送中に生じた減量については売手が責任を負う。

さらに、約定品の重量を決定する場合、包装を含めた総量によるか(総重量条件＝Gross Weight Terms)、この総量から包装材料を差し引いた純量によるか(純重量条件＝Net Weight Terms)の区別がある。

また、過不足の生ずるような契約貨物(バラ積の米、麦、鉱石など)の場合、ある程度の範囲内の過不足を認めてもらい、これをクレームの対象としないというモア・オア・レス条件(過不足認容条件、More Less Tems)がある。

(3) 価格条件(Price Terms)

価格について問題になるのは、どのような条件の価格を採用するのか、また決済通貨としてどの国の貨幣を用いるのかといった問題である。この価格条件を指して、狭い意味で貿易取引条件ということもある。というのも、契

約貨物に対する費用負担、危険負担さらには所有権の移転がどの時点で行われるかという問題が含まれているからである。

積地港渡し値段 ｛
(a) Loco（現場渡し）
(b) F.O.T.（貨車渡し）
(c) F.A.S.（輸出港船側渡し）
(d) F.O.B.（輸出港本船渡し）
(e) C.I.F.（輸入港運賃・保険料込み渡し）

揚地渡し値段 ｛
(f) Ex Ship（着船渡し）
(g) In Bond（保税渡し）
(h) Ex Quay（埠頭渡し）
(i) Duty Paid（通関渡し）
(j) Franco（持込渡し）
(k) その他

(a) Loco（on spot）

取引貨物の現に所在している場所で、約定貨物を引渡す。

① 工場渡し
　　Ex Works（鉄工場渡し）
　　Ex Mill（製粉、製紙工場渡し）
　　Ex Factory（その他一般工場渡し）
② 農場渡し（Ex Plantation）
③ 工業所渡し（Ex Mine）
④ 店頭渡し（Ex Store）
⑤ 倉庫渡し、売手倉庫渡し（Ex Warehouse, Ex Seller's Godown）

(b) F.O.T.（Free on Truck）, F.O.R.（Free on Rail）

貨物渡し、レール渡しは、1貨車または数貨車積みの大量貨物の鉄道輸送の場合に用いられる。

(c) F.A.S.（Free Alongside Ship）

契約貨物を積み込む船舶の船側で引渡し、貨物の所有権と同時に責任と費

用が買手に移転する。

(d) F.O.B.（Free on Board）

売手が輸出港内の本船に貨物を引渡し、それ以後に発生した責任や負担を免れようというものである。したがって、売手は契約によって指定された船積港に契約品を運び、買手の手配した本船へ期限までに船積みすればよい条件である。

F.O.B.London のように、後に指定された輸出港名をつける。アメリカでの場合は、F.O.B.New York とすれば改正米国貿易定義ではニューヨークの港まで輸送し、着荷のまま買手側に引渡すという貨物持込み渡しになるので、F.O.B.vessel New York とはっきり条件を明示しなければならない。

(e) C.I.F.（Cost, Insurance and Freight）

この条件は、F・O・B 価格に海上保険料（Insurance Premiun）と海上運賃（Freight）を加えた価格条件である。売手は、自己の責任で船腹の取り決め、約定品に付保し、船積みする義務があり、また仕向地までの運賃、保険料は負担するが、約定品に対する危険負担は船積みの時点で終了する。またＣ・Ｉ・Ｆ系統の条件として次のようなものがある。

① C&F（運賃込み渡し値段）

海上保険は、買手みずから付保し輸出原価(Cost)と海上運賃(Freight)だけを含むもの。中南米や東南アジア向けの輸出によく用いられる。

② C.I.F.&C.（運賃・保険料および手数料込み渡し値段）

これは委託販売などに用いられる価格で、仲介貿易商人への支払う手数料（commission）をＣ・Ｉ・Ｆ価格に加えたもの。

③ C.I.F.&I.（運賃・保険料および利息込み値段）

Ｉは為替金額に対する利息（Interest）である。売手負担の条件である。

④ C.I.F.&E.（運賃・保険料および為替費用込み渡し値段）

Ｅは為替費用（Cost of Exchange）の意味で、為銀を利用し輸出商品代金を荷為替手形による決済の場合に、外国為替相場に含まれる割引料または取立手数料、その他の手数料、郵便料、諸費用を総称する。

(f)　Ex Ship

　輸入港まで売手の責任と費用で契約品を運び、到着した本船船側から買手へ引き渡すことを内容とする。したがって、運賃・保険料を売手が負担する。Ｃ・Ｉ・Ｆと異なる点は、Ｃ・Ｉ・Ｆは積地条件であるという点である。

　(g)　In Bond

　売手が約定品を輸入港に陸揚げし、それを保税倉庫などの保税地域（Bonded Area）に輸入税を保留したまま買手に引渡すと同時に、すべての負担も転嫁する。通関手続きを行って保税地域から輸入品を国内に入れる場合には、輸入税がかけられる。これは、買手が負担する。

　(h)　Ex Quay

　売手は約定品を輸入港の埠頭に陸揚げし、埠頭で買手に約定品が引渡される。本船から埠頭までのはしけ賃や陸揚げを完了するまでの費用を売手は負担する。

　(i)　Duty Paid

　売手は約定品を指定港の保税地域に搬入するだけでなく、輸入手続きを行い、同時に通関税や通関費用を負担する。価格用語としては、輸入手続き済み値段（Duty Paid）と呼ばれ、受渡し用語としては、税関構内渡し（Ex Customs Conpound）ともいわれている。

　(j)　Franco

　売手が仕向地の指定場所に約定品を持込み買手に引渡すことで、それまでの一切の責任、危険を負担する。

　このほか、また貿易取引の表示通貨をどこの国のものを使用するかについては、売手国の通貨、買手国の通貨、第三国の通貨で表示する場合があるが、取引先銀行が実際に取り扱っている通貨を使用するのが一般的である。

　（4）船積条件（Shipment Terms）

　船積港はＦ・Ｏ・Ｂの場合も、Ｃ・Ｉ・Ｆの場合でも契約の中で明らかにされるのが普通である。また約定品の引き渡し時期は、仕向港への到着時期

第5章　貿易取引の実際

(time of delivery) ではなく、積出港の船積時期 (time of shipment) を意味するのが一般的である。

(a)　船積時期 (Time of Shipment)

① 限日船積み

船積みを何日以内に行うという日数による場合、例えば within 60 days after receipt of L／C（信用状入手後60日以内）、また March Shipment（3月積み）の場合は、3月1日から3月31日までに船積みを行えばよい。

② 連月船積み

March／April Shipment（3月、4月積み）のように月の連続で、船積みは3月1日から4月30日までにおこなわなければならない。

③ 直積み

月や日を用いずに次のようなことばで決めることをいう。例えば、immediate, prompt, as soon as possible, at once. これらは通常2週間から1カ月以内の船積みを意味する。しかし国ごとによって解釈に相違があるので、やはり日、月を明示する必要がある。

④ 不可抗力による積遅れ

例えば、天災やストライキ等のような不可抗力に対しては、協定書を不可抗力条項を明記することにより免責される。また、船積みは、期限まで分割して積出しすることを分割積み（Partial Shipment）と1回の船積み（One Shipment）がある。もちろん、この場合売手と買手の積出し契約が一致していなければならない。

(5) 決済条件 (Payment Terms)

貿易取引の決済として通常行われている方法は、荷為替手形(Documentary Bill of Exchange) による決済方式である。荷為替手形とは、船積書類（前出128ページ）の添付された手形である。実際に実務上、最も安全で有利な方法として為替銀行を利用する荷為替制度がある。

為替手形

```
BILL OF EXCHANGE

①NO.    1
②OSAKA, 16th September, 19——

FOR ③US$2,489.00

AT ④———— SIGHT OF THIS FIRST BILL OF EXCHANGE (SECOND UNPAID)
PAY TO THE ORDER OF ⑤——————                                   THE SUM OF
⑤ DOLLARS TWO THOUSAND FOUR HUNDRED AND EIGHTY NINE ONLY IN U.S. CURRENCY
VALUE RECEIVED AND CHARGE THE SAME TO ACCOUNT OF ⑥ The England-American Trading
                                                    Co., Ltd., Kingston, Jamaica.
DRAWN UNDER ⑦ The ABC Bank, Kingston, King and Harbour, Jamaica, W.L. Branch
L/C NO. 167/73    DATED  June 14, 19——   60 days after
TO ⑧  The ABC Bank,                       ⑨ Kishi Trading Co., Ltd.,
      100 Broadway, New York, N.Y.
                                                ( Signed )
                                                          Director.
```

①手形番号 ②手形の振出地および振出日 ③手形金額 ④支払期日――一覧払、もしくは一覧定期払であれば 60 days after のように挿入する。⑤受取人 (payee) ――通常空欄のままにしておき、無記名指図式とする。⑥手形の名宛人が銀行である場合には、輸入業者が記入され、手形の名宛人が輸入業者であれば何も記入しない（手形名宛人は通常、信用状に指示されている）。⑦発行銀行が買取銀行における安全確実かつ迅速を計るため、また信用状付手形として流通を助成するために記載されるもの（信用状に指示されている）⑧手形の名宛人、⑨手形の振出人。

出所：森沢三郎他『新訂実用英語ハンドブック』大修館書店 591頁

第5章 貿易取引の実際

すなわち、荷為替制度とは売主は商品の船積み後、直ちに買主宛の為替手形を取り組み、これに船積書類を添付して取引銀行である為替銀行に提供し、為銀はこの手形および船積書類を買主所在地の自行本支店、またはコルレス先に送付して、手形の取り立てを依頼するのである。

為替手形は、その支払日について一覧払手形とするか、期限付手形にするか、また手形条件を引受渡し条件とするか、支払渡し条件とするかの問題がある。

(a) 手形の期限（Usance）

① 一覧払手形（Sight Bill; Sight Draft）

この手形は、呈示があった時日が、すなわち一覧（at sight）の日が満期日となるのであるから、手形上の支払人は、呈示を受けしだい、その手形記載金額を支払わなければならない。この手形は、手形の呈示が支払の要求となるので要求払手形（Damand Bill）ともいわれる。

② 期限付手形（Usance Bill, Time Bill; Period Bill）

期限付手形は、手形の引受けと支払日との間に一定の期間の猶予があるので、輸入業者は決済上輸入品を売却した代金を手形の金額にあてることが可能であるため、金融上輸入業者に非常に便宜を与える。

貿易取引は、通常この種の手形により決済される。これには一覧後定期払い、日付後定期払い、また確定日払いなどがある。

(イ) 一覧後定期払手形

手形が呈示されて、その引受け（Acceptance）があった後、満期日までに一定の期間がありその期間内に支払をすればよい手形である。通常この種の手形が外国貿易では標準決済として多くみられる。例えば、一覧後30日払いの手形は、30 days after sight、または30d／s；また一覧後3カ月払い手形は、3 months after sight（3m／s）と記載され、一覧後150日払いまでは政府の承認を取り付けなくても利用できる。

(ロ) 日付後定期払手形

この手形はその振出日から何日、何月後を満期日とするものである。

例えば、日付後30日払いの手形は、30 days after date (30d／d) のように記載する。

(ハ) 確定日払い

手形を振り出す時に、何年何月何日払いという確定した日付けを明記するものである。

(b) D／P手形とD／A手形

荷為替手形には、担保となっている積荷を代表する船積書類（Shipping Documents）が添付されているが、この船積書類は輸入地の銀行から荷受人である手形支払人に引き渡される方法について、D／P手形（Documents against Payment, 支払渡し）とD／A手形（Documents against Acceptance, 引渡し）とに分けられる。

荷為替手形の送付を受けた取立銀行に対して支払人が手形代金を支払わなければ船積書類を受取ることはできない条件をもった手形を支払渡し手形、すなわちD／Pといい、輸入地の銀行から荷為替手形の呈示があった時に、手形の支払いを引き受ければ船積書類を引き渡す条件のものを引受手形、D／Aという。

（6）保険条件（Insurance Terms）

海上保険契約は、通常担保される危険の範囲を規定したもの。すなわち、貨物を積み込んだ本船が沈没（Sinking）、座礁（Stranding）、こうさ、火災（Burning）、衝突（Collision）などの海上での偶発的事故や災害である海上固有の危険（Perils of the Sea）を保証するために行われる。

直接積荷に生ずる危険が担保されるS・S・B・C事故、そのほか船積荷役中の危険や暴風雨によってこうむる積荷の破損、流失、投荷（Jettisons）、強盗（Thieves）、また船長および船員の悪行（Barratry of Master and Mariners）などの保険証券に列挙された普通約款（General Clause）と、保険証券には列挙されておらず保険会社との特約によって担保するむねを決めた特別約款（Special Clause）とがある。これは、通常では担保されない

危険、危険、例えば、戦争危険（War Risks）、ストライキ、漏損（Leakage）、破損（Breakage）などであり、これは保険契約者は契約に際して割増保険料（Additional Insurance Premium）を支払わなければならない。

これらの損害てん補責任の範囲について、すなわち海上保険がてん補する

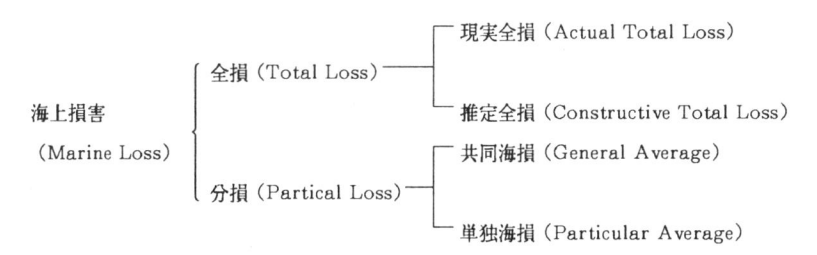

海上損害（Marine Loss）
- 全損（Total Loss）
  - 現実全損（Actual Total Loss）
  - 推定全損（Constructive Total Loss）
- 分損（Partical Loss）
  - 共同海損（General Average）
  - 単独海損（Particular Average）

海上損害（Marine Loss）を分類すれば、
となる。

そしてこの様な分類に対応して次の基本的な保険条件が発生してきた。

(a) 全損のみ担保（Total Loss Only: T.L.O）条件

文字どおり積荷が全損をこうむった場合に限り、その損害をてん補するものであり、この条件は石炭やセメントなどのバラ荷に多く用いられ、保険料もいちばん安い。

また全損に準ずるものとして、委付（abandonment）できる損害がある。これは、例えば船舶がゆくえ不明になった時など全損は発生しないが、ほとんど全損に近い損害をこうむった場合、被保険者が、保険の目的上の一切の権利（貨物）を保険者に引き渡し、保険全額の金額を請求することが許可されている行為である。本来の全損は、現実（絶対）全損というのに対して、委付する場合の損害を全損という。

(b) 単独海損不担保（Free from Particular Average: F.P.A.）

単独海損担保は、分担不担保ともいい、全損、共同海損や沈没・火災・衝突などのいわゆるS・S・B・Cによって発生した特定分損についてはてん補するが、それ以外の分損についてはてん補しない。

例えば、積荷が暴風雨など荒天損害（Heavy Weather）のためぬれ損と

なっても、また一部の積荷が流失しても、全部損失でない限り、保険会社はその責任を負わない。この条件は、貨物の性質上ぬれ損などをいとわなくてもよい鉱石、鉄材などの場合に利用されて、保険料も比較的安価である。

 (c) 単独海損担保（With Average; W.A.: With Particular Average; W.P.A.）

 この保険会社の危険担保範囲が拡大する同等に、保険者の損害てん補範囲も広がるので、安心できる保険条件である。危険率の高い遠洋輸送では、万一の損害を考慮して少々高い保険料を支払っても、この条件で契約することが望ましい。

 この保険契約において、ある程度以下の積荷の損害に対しては保険者のてん補責任を免除する旨が定められている。その免除の限度を示すものが「免責歩合（Franchise）」であり、その旨を規定した条項を免責歩合約款（Memorandum Clause）という。

 (d) 全危険担保（All Risks; A.R.: Against All Risks; A.A.R.）

 貨物の種類、性質、荷造り、積付場所、輸送経路、仕向地の状況などを考慮して一般に担保危険の追加を入れ契約するのであるが、実際にはこれは極めて繁雑すぎて不便である。このためにこの繁雑さを回避するために考え出された保険条件である。

 この条件の趣旨は、保険期間中、貨物の輸送に付随して外部的原因によって生ずる一切の偶発的事故を担保するものであり、またその損害については額の大小は問わずこれを填補するものである。したがって保険条件としては最も広範囲のものである。

 しかし、この条件といえども、貨物の固有の瑕疵、または性質に近因して生ずる損害は填補されないから注意を要する。例えば、石炭、フィッシュ・ミールについては自然発火のおそれがあるが、これに因って生じた損害は填補されないことになる。

（7）クレーム（Claims, 損害賠償請求）

第5章　貿易取引の実際

(a)　クレームの発生

貿易取引には損害賠償の要求を伴うさまざまな種類のクレームが生じやすい。クレームの原因は、品質不良、損傷、数量不足などのほか非常に多い。特に問題なのは、擬装クレーム（マーケット・クレーム）である。

例えば、契約成立後に市況の変化で輸入業者が価格の上で不利になった場合、口実をつけてわずかな欠点を取り上げてクレームをつけるものである。

(イ)　広義のクレーム

① 貿易クレーム（Trade Claim）

　　品質、数量などの点で取引の対象物となる貨物そのものが対象となるクレーム。

② 運送クレーム（Transportation Claim）

　　運送の間に貨物が破損することによって発生するクレーム。

③ 保険クレーム（Insurance Claim）

　　海上保険が通常担保してくれる危険、あるいは特約によって担保するような危険に直接原因するクレーム。

(ロ)　マーケット・クレーム（Market Claim）

注１）クレームとは、客観的な裏付けをもつ「損害賠償請求」を主に意味し、主観的な色彩が濃い不平である「苦情」という訳語と区別される。

(b)　クレームの解釈

クレームは、当事者間で解釈されることが望ましいが、解釈が困難な場合を予想して、あらかじめ取引市場で慣行となっている仲裁規則の採用を規定しておくほうがよい。例えば、紛争の解釈については、一般的取引条件協定の中で「国際商事仲裁協会の商事仲裁規則にもとづく」という条項を挿入するのがよい。

〈参考文献〉

○森沢三郎他『新訂実用英語ハンドブック』大修館書店　1981年

○大蔵省他監修『体系貿易為替実務事典』（5訂版）新日本法規出版　昭和52年
○日本関税協会『輸出手続（貿易実務新書、上巻）日本関税協会　昭和59年
○　　同　　　『輸入手続（貿易実務書、下巻）日本関税協会　昭和59年
○東京銀行『貿易と信用状』実業之日本社　昭和51年
○小峯　登『信用状の知識』日本経済新聞社　1974年
○橋詰秀男『荷為替信用状実務論』文雅堂銀行研究社　昭和55年
○東京銀行編『外国為替〔改訂版〕』（新銀行実務講座　第8巻）有斐閣　昭和45年
○及川竹夫『新しい規則による信用状取引の実務』ダイヤモンド社　昭和59年
○中村　弘『新輸出取引の実務』ダイヤモンド社　昭和59年
○楠原正巳『貿易実務と貿易英語』高文堂出版社　昭和56年
○新実業出版社『海外取引のしくみと手続き』新実業出版社　昭和59年
○通産省監修『これからの輸出』日本貿易振興会　1984年
○　　同　　　『これからの輸入』日本貿易振興会　昭和59年
○藤田栄一『貿易取引Q&A』有斐閣　1984年
○来住哲二編『貿易実務』有斐閣　昭和57年

－ 付 録 －

(1) 輸出為替手形の例

第 1 例
銀行信用状に基づき振出された輸出為替手形

(Export Bill of Exchange)

① 第 1 券 (First of Exchange)

No. 123　　　BILL OF EXCHANGE

For U.S. $2,345.00　　　　　　　　　　　Chuo－ku, Tokyo, May 1. 1977

　　At .... sight of this FIRST of Exchange (Second of the same tenor and date being unpaid) Pay to .... BANK, LTD. .... or order the sum of Dollars Two Thousand Three Hundred and Forty Five Only in U.S. Currency ....
....

Value received and charge the same to account of A B C Co., Ltd.,
New York ....
Drawn under BANK OF U.S.A., New York, Irrevocable ....
　L／C No. 3456 .... dated Apr. 10. 1977.

To BANK OF U.S.A.　　　｜ 100円 ｜　　　　XYZ Co., Ltd
　　　NEW YORK　　　　｜収入印紙｜　　　　(Signature)
　　　　　　　　　　　　　　　　　　　　　　Manager

② 第 2 券 (Second of Exchange)

No. 123　　　BILL OF EXCHANGE

For U.S. $2,345.00　　　　　　　　　　　Chuo－ku, Tokyo, May 1. 1977

　　At .... sight of this SECOND of Exchange (First of the same tenor and date being unpaid) Pay to　　BANK, LTD. .... or order the sum of Dollars Two Thousand Three Hundred and Forty Five Only in U.S. Currency ....
....

Value received and charge the same to account of A B C Co., Ltd.,
New York ....
Drawn under BANK OF U.S.A., New York, Irrevocable ....
　L／C No. 3456 .... dated Apr. 10. 1977.

To BANK OF U.S.A.　　　　　　　　　　　XYZ Co., Ltd.
　　　NEW YORK　　　　　　　　　　　　(Signature)
　　　　　　　　　　　　　　　　　　　　　　Manager

③ 第1券，第2券裏面（裏書）

```
            Pay to the order of
            THE BANK OF ARGENTINE
            For Bank, LTD.
            Tokyo Office
            ( Signature )
            Manager
```

第2例の説明

① 期限付手形（ *Usance (Time) Bill ; Usance Draft* ）
② 組手形（ *Set Bill* ）
③ 手形の当事者

　　振出人（ *Drawer* ）　　：本邦輸出商（ XYZ Co., Ltd. ）

　　名宛人（ *Drawee* ）　　：在アルゼンチン輸入商（ ABC Co., Ltd. ）

　　受取人（ *Payee* ）　　　：本邦手形買取銀行（ BANK, LTD ）

　　裏書人（ *Endorser* ）　：　　〃　　（手形取立依頼銀行）

　　被裏書人（ *Endorsee* ）：在アルゼンチン手形取立銀行（ THE BANK OF ARGENTINE ）

④ D／A条件手形（ *Documents against Acceqtance* ）

　　　（大蔵省他編　体系貿易為替実務事典 P52〜53 ）

付　　録

第　2　例
信用状なし取引の場合の輸出為替手形
(Export Bill of Exchange)

① 第 1 券 (First of Exchange)

D／A

No. 130　　　　BILL OF EXCHANGE

For U. S. $ 6,543.21　　　　Chuo-ku, Tokyo, Apr. 20. 1977

At One Hundred and Fifty (150) days／after sight of this FIRST of Exchange (Second of the same tenor and date being unpaid) Pay to　BANK, LTD,　or order the sum of Dollars Six Thousand Five Hundred and Forty Three and Twenty One Cents in U. S. Currency

Value received

| To A B C Co., Ltd.
25 de Mayo 346
Buenos Aires, Argentina | 100 円
収入印紙 | XYZ Co., Ltd.
(Signature)
Manager |

② 第 2 券 (Second of Exchange)

D／A

No. 130　　　　BILL OF EXCHANGE

For U. S. $ 6,543.21　　　　Chuo-ku, Tokyo, Apr. 20. 1977

At One Hundred and Fifty (150) days／after sight of this SECOND of Exchange (First of the same tenor and date being unpaid) Pay to　BANK, LTD　or order the sum of Dollars Six Thousand Five Hundred and Forty Three and Twenty One Cents in U. S. Currency

Value received

To A B C Co., Ltd.　　　　　　　　　XYZ Co., Ltd.
　25 de Mayo 346　　　　　　　　　　(Signature)
　Buenos Aires, Argentina　　　　　　　Manager

③ 第1券，第2券裏面（裏書）

```
          Pay to the order of
          THE BANK OF ARGENTINE
             For Bank, LTD.
              Tokyo Office
           ____(Signature)____
                  Manager
```

第2例の説明

① 期限付手形（$Usance(Time)Bill$;$Usance\ Draft$）
② 組手形（$Set\ Bill$）
③ 手形の当事者
　　　振出人（$Drawer$）　　　：本邦輸出商（$XYZ\ Co.,\ Ltd.$）
　　　名宛人（$Drawee$）　　　：在アルゼンチン輸入商（$ABC\ Co.,\ Ltd.$）
　　　受取人（$Payee$）　　　：本邦手形買取銀行（$BANK,\ LTD$）
　　　裏書人（$Endorser$）　　：　　　〃　　　（手形取立依頼銀行）
　　　被裏書人（$Endorsee$）　：在アルゼンチン手形取立銀行（$THE\ BANK\ OF\ ARGENTINE$）
④ D／A条件手形（$Documents\ against\ Acceqtance$）

（大蔵省他編　体系貿易為替実務事典　P 52～53）

付　録

(2) 貿易実務に役立つ貿易用語

貿　易　用　語

あ	暗号番号	Code Number	え	英国ポンド	Sterling Pound
				英トン	Long Ton
い	委託品	Consignment			
	委託買付	Indent	お	卸売商	Wholesaler
	一覧払手形	Sight Draft		覚え書き	Memorandum
	一手販売代理店	Sole (or Exclusive) Sales Agent		送り状	Invoice
				覚え書き,規約	Memorandum
	一覧後60日払 手形	Bill (of Exchange) (Draft) at 60 d/s		大蔵省	Ministry of Finance
				卸値	Wholesale Price
	一般取引条件	General Terms and Conditions of Business	か	外国為替銀行	Foreign Exchange Bank
	インコタームス	Incoterms ; International Rules for the Interpletation of Trade Terms		外国為替手形	Bill of Foreign Exchange
				外為市場	(Foreign) Exchange Market
				外国為替公認 銀行	Authorized Foreign Exchange Bank
	印紙	Stamp		海上保険(証券)	Marine Insurance (Policy)
う	受取書	Receipt		開設銀行	Issuing (or Opening ; or Establishing) Bank
	裏書	Endorsement			
	裏書人	Endorser		買い相場	Buying Rate
	売上勘定書	Account Sales ; A/S		海損	Average
	売上高	Sales ; Proceeds ; Turnover		買付代理店	Buying Agent
	売り相場	Selling Rate		買手見本	Buyer's Sample
	売手市場	Seller's Market		買い予約	Buying Contract
	売手見本	Seller's Sample		買取銀行	Negotiating (or Purchasing) Bank
	売申込み	Offer			
	運賃	Freight (Rate)		海運同盟	Shipping (or Freight) Conference
	運賃着(後)払	Freight Collect			
	運賃前(先)払	Freight Prepaid		外務省	Ministry of External Affairs ; Foreign Office
	運賃率	Freight Rate			

か	価格表	Price List	け	経常収支	Balance of Current Account
	価格条件	Price Terms		契約書	Agreement ; Contract
	確認銀行	Confirming Bank		消印	Cancellation
	確認信用状	Confirmed L/C		決済条件	Terms of Settlement
	加工貿易	Improvement Trade		検査証明書	Inspection Certificate
	カウンター・オファー（反対申込み）	Counter Offer		現物倉庫渡し	Ex Godown
	外債	Foreign Bonds		原産地証明書	Certificate of Origin
	為替投機	Exchange Speculation		検疫	Quarantine
	為替管理	Exchange Control		契約	Contract
	為替予約	(Forward) Exchange Cotract		検数人	Tallyman (Checker)
				原本	Original (Copy)
	為替相場	Exchange Rate		原見本	Original Sample
	為替相場表	Exchange Quotations		現実全損	Actual Total Loss
	為替手形	Draft ; Bill of Exchange		検量証明書	Certificate of Quantity and/or Weight
	慣習風袋（ふうたい）	Customary Tare			
	関税	Customs (Duties)	こ	公益事業	Public Utilities
	関税協定	Tariff Agreement		工業所有権	Industrial Property (Right)
	関税率	Tariff ; Tariff Rates		航空貨物	Air Cargo ; Air Fright
	関税割当制度	Tariff Quota System		航空貨物引換証（航空貨物運送状）	Air Waybill ; Airway Bill
き	期限付手形	Time (or Usance) Bill			
	期限（手形などの）	Due Date		航空便	Air Mail
	気付	C/O Care of		航空小包	Air Parcel
	記名式裏書	Full (or Special) Endorsement		広告代理店	Advertising Agency
				公債	Public Bond
	共同海損	General Average		国際商事仲裁協会	The Japan Commercial Arbitration Association
	銀行信用状	Banker's Credit			
	銀行照会先	Bank Reference		故障付船荷証券	Foul B/L (Claused B/L)
				口銭（こうせん）	Commission
く	クレーム	Claim		小切手	Check ; Cheque

付　　録

	日本語	English		日本語	English
こ	国際収支	Balance of International Payments	し	支払渡し	Documents Against Payment
	国勢調査	Census		商業送り状	Commercial Invoice
	コンテナ	Container		市場調査	Market Survey ; Marketing Research
	誤謬脱漏	Errors and Omissions			
	国内需要	Domestic Demand		市場占拠率	Market Share
				実際風袋	Actual Tare
さ	在庫品	Stock		実物見本	Straight Sample
	再注文	Repeat Order		支払条件	Terms of Payment
	裁定	Arbitration		資本収支	Balance of Capital Account
	財務諸表	Financial Statements			
	先物	Futures		引受(手形の)	Acceptance
	先物為替	Forward Exchange		従価税	Ad Valorem Duty
	先物契約	Forward Contract		従量税	Specific Duty
	指し値	Limit (Price)		重量容積証明書	Certificate of Weight and/or Measurement
	指図人式船荷証券	Order B/L			
				純重量	Net Weight
	残金(残高)	Balance		出荷指図書	Delivery Order ; D/O
				仕向地	Destination
し	ジェトロ	Japan External Trade Organization		受益者	Beneficiary
				授権資本金	Authorized Capital
	市価	Market Price ; Current Price		収入印紙	Revenue Stamp
				仕様書	Specifications
	直積み (じきずみ)	Immediate (or Prompt) Shipment		署名	Signature
				商工会議所	Chamber of Commerce and Industry
	直物	Spot			
	至急電報	Urgent Telegram		商業会議所	Chamber of Commerce
	信用調査報告	Credit Information		証券取引所	Stock Exchange
	市況報告	Market Report		譲渡可能信用状	Transferable Credit
	信用状態	Credit Standing		商標	Trademark
	私書箱	Post Office Box (P.O.Box)		正体	Original (Copy or Text)
				正味重量	Net Weight

し	白地（しらじ）式裏書	Blank Endorsement	そ	総領事	Consul General
				損益計算表	Statement of Profit and Loss
	信用調査	Credit Inquiry			
	信用照会先	Reference			
	信用状	Letter of Credit ; L/C	た	ダース	Doz. (Dozen)
	書信電報	Letter Telegram (LT)		大使館	Embassy
				貸借対照表	Balance Sheet
す	推定全損	Constructive Total Loss		代替品(代用品)	Substitute
	推定風袋	Computed Tare		代理店契約	Agency Agreement
	数量割引	Quantity Discount		代理店手数料	Agent Commission
				妥協	Compromise
せ	税関	Customs (Office)		対見本	Counter Sample
	税関送り状	Customs Invoice		対申込	Counter Offer
	請求書	Bill ; Invoice ; Debit Note		多国籍企業	Multinational Corporation
	船長	Ship's Master		反物	Piece goods
	全損のみ担保	Total Loss Only		単独海損	Particular Average
	船腹	Ship's Space ; Freight Space ; Space		単独海損担保	With Average ; W. A. ; W. P. A.
	製造会社	Mfg. Co. (Manufacuring Company)		単独海損不担保	Free from Particular Average ; F. P. A.
	船主	Owner of Ship		代理店	Agent (s) 〔 Agency 〕
	全損	Total Loss		短期資本収支	Balance of Short-Term Capital Account
	全危険担保	Against All Risks ; AAR			
そ	相場表	Prices Current	ち	注文書	Order ; Order Form ; Order Sheet
	送金	Remittance			
	送金為替手形	Demand Draft ; D.D.		注文請書	Sales Note
	倉庫料	Warehouse Charges		仲裁	Arbitration
	総合国際収支	Overall Balance of International Payments		調停	Conciliation
				直航路	Direct Steamer 〔 Boat 〕
	総重量	Gross Weight		帳尻	Balance (of Account)
	総代理店（独占代理店）	Sole Agent		長期資本収支	Balance of Long-Term Capital Account

付　録

	日本語	English		日本語	English
つ	追　伸	Postscript; P.S.	と	取立手形	Bill for Collection; B/C
	通産省	Ministry of International Trade and Industry; MITI		取消不能信用状	Irrevocable L/C
			な	名宛人	Addressee
	通　関	Customs Clearance			
	通知銀行	Notifying (or Advising) Bank	に	日本工業規格	Japanese Industrial Standard; JIS
	積地品質条件	Shipped Quality Terms		荷受人	Consignee
	積出重量条件	Shipped Final		荷　主	Shipper; Consignor
	通関渡し	Duty Paid		荷　印	(Shipping) Mark(s)
	手形買取銀行	Negotiating (or Purchasing) Bank		荷造明細書	Packing List
				荷為替手形	Documentary Bill of Exchange
	通知先	Notify Party		荷渡指図書	Delivery Order; D/O
	積換え	Transshipment		荷揚げ港	Landing Port
て	手形振出人	Drawer (of Draft)			
	定価(表示価格)	List Price	ね	値段表	Price List
	鉄道貨物引換証	Railway Bill (or Acknowledgment)	は	買約書	Purchase Note
	手数料	Commission		売約書	Sales Note (Sales Contract)
	定期船	Liner			
	電信送金	Telegraphic Transfer; T.T.		破　産	Bankruptcy
				発行銀行	Issuing (or Opening; or Establishing) Bank
	電信為替	Telegraphic Transfer; T.T.			
				配当金	Dividend
	手形交換所	Clearing House		払込み資本金	Paid-Up Capital
				販売代理店	Sales (or Selling) Agent
と	通し船荷証券	Through B/L		散荷(ばらに)	Cargo in Bulk; Bulk (or Bulky) Cargo
	倒　産	Bankruptcy			
	登録意匠	Registered Design		分損担保	With (Particular) Average
	同　上	Do. (Ditto)			
	特　許	Patent	ひ	控見本	Duplicate Sample
	取引条件	Terms and Conditions		引　合	Inquiry [en -]

— 143 —

ひ	品質証明書	Certificate of Quality	は	保管料	Storage (fee 〔charges〕)
	引受渡し	D／A (Documents against		保 険	Insurance 〔assurance〕
	（書類の）	Acceptance)		保険料	Insurance Premium
				保険証券(証書)	Insurance Policy
ふ	風袋(ふうたい)	Tare			(Certificate)
	封 筒	Envelope (動詞は Envelope)		保険料率	Insurance Rate
	不可抗力	Force Majeure		保険料運賃手数	C. I. F. & C.
		（フランス語から）		料込値段(条件)	
	部分積み	Partial Shipment		保険金額	Insured Amount
	船積指図	Shipping Instructions／ery		保税上屋(うわや)	Bonded Shed
	副 本	Duplicate (Copy)		保税倉庫	Bonded Warehouse
	船積船荷証券	Shipped B／L		保税地域	Bonded Area
	船積指図書	Shipping Order ; S／O		貿易収支	Balance of Trade Account
	船積書類	Shipping Documents		貿易外収支	Balance of Invisible
	船積通知	Shipping Advice			Trade Account
		(or Notice)			
	分損(単独海損)	Free from Particular	み	見えざる貿易	Invisible (or Service)
	不担保	Average			Trade
	船積依頼書	Shipping Instructions		見込利益	Expected (or Imaginary)
	船荷証券	Bill of Lading ; B／L			Profit
	振出人	Drawer		見積書	Estimate ; Pro-Forma
	不渡手形	Dishonored Bill			Invoice
	分割船積	Partial (or Installment)		見 本	Sample ; Specimen ; Model
	（分割積み）	Shipment		見本市	Trade (or Sample) Fair
	分 損	Partial Loss		見本売買	Sale by Brand (or Trade
	船積案内	Shipping 〔Shipment〕			Mark)
		Advice			
			む	無故障船荷証券	Clean B／L
へ	平方フィード	Square feet (Sq. ft.)			
	変動為替相場	Floating Exchange Rate	め	銘柄売買	Sale by Brand (or Trade
					Mark)
ほ	本船渡し	Free on Board (F.O.B.)			
	包装明細書	Packing List	も	申込（書）	Application

付　録

や	約束手形	Promissory Note	よ	容積トン	Measurement Ton
				予定保険	Open Cover Carge
ゆ	輸出承認	Export Approval		傭船契約書	Charter Party; C/P
		(or License)		予想利益	Expected (or Imaginary) Profit
	輸出申告書	Export Declaration			
	輸出許可書	Export Permit		容量明細書	Measurement and Weight List
	輸入申告書	Import Declaration			
	輸入許可書	Import Permit			
	輸入承認証	Import License	り	領収証	Receipt
	有価証券	Valuable Papers; Marketable Securities; Negotiable Instruments		領事（館）	Consul (Consulate)
				領事送り状	Consular Invoice
	（有限責任の）会社の	Inc. (Incorporated)	わ	割増料	Surcharge
				割り積み	Instalment Shipment
	郵便為替	Mail Transfer			
	郵便切手	(Postage) Stamp			

(3) 貿易略語

A | A.A.R., a.a.r. | against all risks | 全危険担保
| | acct., a/c | account | 勘定
| | a/d | after date | 《手形》日付後
| | ad | advertisement | 広告
| | ad val. | *ad valorem* (= according to the value) | 従価
| | a.m. | *ante meridiem* (= before noon) | 午前, 会社
| | amt. | amount | 額
| | A/R.A.R | all risks | 全危険
| | | advice of receipt | 受取通知
| | a.s. | at sight | 《手形》一覧払い
| | A/S | account sales | 売上勘定書
| | | after sight | 《手形》一覧後
| | ATT., ATTN., | attention | 気付
| | A.W.B | air waybill | 航空貨物運送状

B | bal., balce | balance | 残高
| | B/C | bill for collection | 取立手形
| | B/D | bank draft | 銀行為替手形
| | | bills discounted | 割引手形
| | | brought down | 繰越
| | B/E. b.e. | bill of exchange | 為替手形
| | B/F, b/f | brought forward | 繰越
| | B/L | bill of lading | 船荷証券
| | B/N. B.N. | boat note | ボート・ノート
| | | bank note | 銀行券(紙幣)
| | B.O. | branch office | 支社；支店
| | B/S., b.s. | balance sheet | 貸借対照表
| | bsh., bu., bus. | bushel | ブッシェル〔穀量〕
| | | bill of sales | 売渡証

付　録

B	BTN	Brussel's Tariff Nomenclature	ブリュッセル関税品目分類表
C	C/A	capital account	資本勘定
		credit account	掛勘定
		current account	当座勘定
	cat.	catalogue ; catalog	カタログ
	C & F, C.& F., c.& f.	cost and freight	運賃込条件
	C&I.C.&I.,c.&i.	cost and insurance	保険料込
	cc, c.c., C.C.	carbon copy	カーボン・コピー，写
	cf.	confer (= compare)	((ラテン))参照せよ
	chq., ch'que	cheque (英)	小切手
	C.I.F., CIF c.i.f., cit	cost, insurane and freight	運賃保険料込
	C.I.F.&C.	cost, insurance, freight and commission	運賃保険料および手数料込
	C.I.F.&E.	cost, insurance, freight and exchange	運賃保険料および為替費用込
	C.I.F.&I.	cost, insurance, freight and interest	運賃保険料および利子込
	ck.	check (米)	小切手
	Co.	company	会社
	c/o	care of	気付
	C/O	cash order	要求払為替手形
	C.O.	certificate of origin	原産地証明書
	COCOM	Coordinating Committee for Export to Communist Countries	ココム（対共産圏輸出統制）
	C.O.D.	cash on delivery ; collect on delivery (米)	代金引換払
	comm., commn.	commission	手数料
	Corp.	Corporation	会社
	C/P	charter party	用船契約
	C.Q.D.	customary quick dispatch	慣習的早荷役

— 147 —

C	C.T.L.	constructive total loss	推定全損
	C.W.O.	cash with order	現金払い(前払い)注文
D	d	*denarius* (= penny); *denarii* (= pence)	ペンス〔英貨〕
	D/A	days after acceptance	((手形))引受後～日払い
		deposit account	預金勘定
		documents against acceptance	((手形))引受渡し
	D/D, D.D.	demand draft	一覧(参着)払為替手形
		documentary draft	荷為替手形
	d/d, d.d.	days (after) date	((手形))日付後 … 日払い
	dept.	department	部, 課
	dft.	draft	為替手形
	do.	ditto	同上, 同前
	D/O	delivery order	荷渡指図書
	D/P	documents against payment	((手形))支渡し
	doc.	document	書類
	D/R, D.R.	deposit receipt	預金受入証
		dock receipt	船渠荷受証
	D/S, d/s, d.s.	days (after) sight	((手形))一覧後 … 日払い
	D.W.T.	deadweight ton	重量トン
	dz., doz.	dozen	ダース
E	E. & O.E.	errors and omissions excepted	誤謬脱漏この限りにあらず
	E/D	export declaration	輸出申告書
	EEC	European Economic Community	ヨーロッパ経済共同体
	e.g.	*exempli gratia* (= for example)	たとえば
	Encl., Enc.	enclosure	同封物
	etc., &c.	*et cetera* (= and so on)	…など
F	F.A.A., f.a.a.	free of all average	((海保))全損のみ担保
	F.A.Q	fair average quality	平均中等品質
	f, fc., fr.	franc	フラン〔仏貨〕

付　　録

F	F.A.S., FAS. f.a.s	free alongside ship	船側渡し
	F.I.	free in	積込みの荷役賃傭船者負担
	F.I.O.	free in and out	積み揚げとも傭船者負担
	F.O.	free out	揚げの荷役賃傭船者負担
	F.O.B., FOB f.o.b., fob	free on board	（輸出港での）本船渡し
	F.O.R., f.o.r.	free on rail	貨車渡し
	F.O.T., f.o.t.	free on truck	貨車渡し
	F.P.A., f.p.a.	free from particular average	((海保))分損不担保(単独海損不担保)
	frt., fgt.	freight	運賃
	ft.	foot; feet	フート；フィート
G	G.A., GA	general average	共同海損
	GATT	General Agreement on Tariffs and Trade	関税および貿易に関する一般協定
	G.M.Q.	good merchantable quality	販売適商品質
	gr., gro.	gross	グロス
	gr.wt.	gross weight	総重量
H	hr.	hour	時間
I	I.C.C., ICC	International Chamber of Commerce	国際商業会議所
	I/D	import declaration	輸入申告書
	i.c.	*id est* (= that is)	すなわち
	IMF	International Monetary Fund	国際通貨基金
	Inc.	Incorporated	法人組織の，株式会社組織の
	I.Q.	Import Quota	輸入割当
	inv.	invoice	送状
J	JETRO	Japan External Trade Organization	日本貿易振興会
	JIS	Japanese Industrial Standard	日本工業規格

L	L	*lira*	リラ〔イタリア貨〕
	£	*libra(e)* (= pound[s])	ポンド〔英貨〕
	lb.	*libra* (= pound in weight)	ポンド
	L/C	letter of credit	信用状
	L.C.L.	less-than-carload lot	一車積未満貨物
	L/G	letter of guarantee	保証状
	L/I	letter of indemnity	補償状
	l.t.	long ton	英トン
	LT	letter telegram	書信電報
	Ltd.	limited	有限責任
M	M/D, m/d	months after date	《手形》日付後 … 月払い
	mat.	maturity	満期〔手形〕
	max.	maximum	最大限
	Messrs.	Messieurs	《仏》Misterの複数形;
	memo.	memorandum	覚え書
	Mfg.Co.	Manufacturing Compamy	製造業(の)
	Mgr.	Manager	支配人, 部長, 課長
	MITI	Ministry of International Trade and Industry	通商産業者
	min.	minute; minimum; mining	分; 最小限; 鉱業
	M.I.P.	marine insurance policy	海上保険証券
	M/R	mate's receipt	本船受取証
	M/L	more or less	過不足容認の条件
	m.p.h.	miles per hour	1時間 … マイル
	M/S, m/s	months after sight	《手形》一覧後 … 月払い
		motor ship; mail steamer	発動機船; 郵船
	M/T, M.T.	mail transfer	郵便為替
		measurement ton	容積トン
		metric ton	メートル・トン
N	N.B., NB. n.b.	*nota bene* (= mark well)	《ラテン》注意(せよ)
	No. (pl.Nos.)	number	ナンバー … 番

付　録

	N.R.	no risk	《保》危険なし
	N/R	no responsibility	責任を負わず
	n.wt.	net weight	正味重量；純量
O	O/A, o/a	Open account	清算勘定
	O.C.P.	overland common points	大陸間共通運賃課徴地点
	O/D, o/d	on demand	《手形》要求（参着）払い
	OECD	Organization for Economic Co-operation and Development	経済協力開発機構
	Ord.No., O/No.	order number	注文番号
	oz.(pl. oz. or ozs.)	ounce(s)	オンス（重さの単位）
P	P/A, P.A.	power of attorney ; particular average	委任状；単独海損
	P.A, p.a.	per annum (= by the year)	《ラテン》一年につき
	pc.(pl. pcs.)	piece	個
	pkg.(pl. pkgs.)	package	包
	P.N., p.n., P/N	promissory note	約束手形
	P.O.B.	post office box	郵便私書箱
	pat.	patent	特許
	pl.	partial loss	分損
	P/L	profit and loss statement	損益計算書
	P.S.	post scription (= postscript)	追伸
	P.T.O.	please turn over	裏面を見よ，次頁へつづく
	p.m.	per month ; per minute ; *post meridiem* (= after noon)	1カ月につき；1分につき；午後
Q	qr.	quarter	4分の1；四半期
	q.v.	*quod vide* (= which see)	…参照
R	rept., receipt.	receipt	領収証
	R.O.G., r.o.g.	receipt of goods	貨物受取証
	ref.	reference	参照；照会先

R	R.P.	return of post	折返し郵便で
	RPT, rpt	repeat	くり返す
	R.R.	railroad	鉄道
	R.S.V.P.	répondez s'il vous plaît (= reply if you please)	《仏》御返事を乞う
S	s	shilling	シリング〔英貨〕
	s.d.	sine die (= without naming a date)	期限をつけずに
	S/D	Sight Draft	一覧払手形
	SDR	special drawing rights	特別引出権
	ship., shipt., shipmt., shpt	shipment	船積, 積送品
	S/O., s.o.	shipping order	船積指図書
		seller's option	売手選択権
	S.R.C.C.	strikes, riots and civil commotions	《海保》ストライキ, 暴動および内乱
	sh.tn.	short ton	米トン
	S.S.B.C.	Standing, Sinking, Burning, Collision	《海保》座礁, 沈没, 火災, 衝突
	stg.	sterling	《英貨》ポンド
	sig., sg.	signature	署名
T	T.L.	total loss	全損
	T.L.O.	total loss only	《海保》全損のみ担保
	T.M.O.	telegraphic money order	電報為替
	T.P.N.D.	theft, pilferage and nondelivery	《海保》盗難, 抜荷, 不着の危険
	T.T.	telegraphic transfer	電信為替
V	viz.	videlicet (= namely)	すなわち
	vpl., volm.	volume	容積, 副大統領
	v..vs.	versus (= against)	〜対, 〜対して
W	W.A.	with average	《海保》単独海損担保
	wgt., wt	weight	重量
	W/M	weight or measurement	重量または容量

付　録

W　W.P.A.　　　　　with particular average　　　《海保》単独海損担保
　　W/R., W.R.　　　war risk　　　　　　　　　　《海保》戦争危険
　　W/W.W.W.　　　　warehouse warrant　　　　　　《海保》倉庫証券

Y
　　yd., yds.　　　　yard(s)　　　　　　　　　　ヤード

Z
　　ZIP　　　　　　　zone improvement plan (or　（米国の）郵便番号制度
　　　　　　　　　　 program)

〈著者紹介〉

小林　通（こばやし・とおる）

1945年　長野県柏原生まれ
1975年　日本大学大学院経済学研究科博士後期課程満期退学
1976年　日本大学短期大学部専任扱講師
1986年　同　　　　教授
1992年　ロンドン大学研究所研究員
現　在　日本大学国際関係学部特任教授　博士（国際関係）

主要著書

『改訂外国貿易論』（単著）高文堂出版社　1991年
『明治の国際化を構築した人々』（共著）多賀出版社　1992年
『M&A成功戦略』（共訳書）産業能率大出版　平成3年
『国際経済の新視点』（単著）時潮社　平成5年
『貿易実務と外国為替』（単著）時潮社　平成8年
『国際分業論前史の研究』（単著）時潮社　平成9年
『現代国際経済システムの原点と構図』（単著）時潮社　平成13年
『東アジア経済圏構想と国際分業』（共著）高文堂出版社　平成18年
『国際貿易理論小史』（単著）時潮社　平成20年
　など。
　その他論文多数

展開貿易論

2012年7月25日　第1版第1刷　　　　定価2800円＋税

著　者　　小　林　　通　Ⓒ
発行人　　相　良　景　行
発行所　　㈲時　潮　社

〒174-0063　東京都板橋区前野町4-62-15
電　話　03-5915-9046
Ｆ Ａ Ｘ　03-5970-4030
郵便振替　00190-7-741179　時潮社
Ｕ Ｒ Ｌ　http://www.jichosha.jp
E-mail　kikaku@jichosha.jp

印刷所　相良整版印刷　製本所　武蔵製本

乱丁本・落丁本はお取り替えします。
ISBN978-4-7888-0676-4

時潮社の本

国際貿易理論小史
小林　通 著
Ａ５判・上製・218頁・定価3500円（税別）

本書は、古典派貿易論研究の出発点となる『国際分業論前史の研究』（小社刊）をさらに一歩前進させ、古典派経済学の基本的真髄に接近し、17〜18世紀イギリスにおける国際貿易理論に学説史的にアプローチする。A.スミス、D.リカードウ、J.S.ミルなど本書に登場する理論家は10人を数える。

国際貿易政策論入門
稲葉守満 著
Ａ５判・並製・346頁・定価4000円（税別）

産業貿易史を踏まえつつ貿易理論とその最前線を検証し、TPP（環太平洋戦略的経済連携協定）を含む日本の通商政策問題を総合的に判断するための必携書。この１冊で現代貿易の全容がわかる。

アメリカの貿易政策と合衆国輸出入銀行
山城秀市 著
Ａ５判・上製・312頁・定価3600円（税別）

1930年代大恐慌を脱出する切り札として設立された合衆国輸出入銀行がいかにその後の大戦をくぐりぬけ、多極化時代を迎えてどのように変貌しつつあるのか。本書は米政府の経済政策と輸出入銀行の歴史を追いながら全体像を明らかにする。

現代政治機構の論点
イギリスとEUを中心に
倉島　隆 著
Ａ５判・並製・352頁・定価3600円（税別）

世界に先駆けて近代議会制民主主義を確立させたイギリス政治を中心にEU世界の成立から現在、そして未来を読み解く。ユーロ社会が危機の中で大きく転換期を迎えている現在、今後を考察する上で最大の必読書でもある。